Dedicato a Lucia ed Emilia,
mia mamma e mia figlia,
la mia storia e il mio futuro,
perfetta chiave di lettura di questo libro.

Un ringraziamento particolare alla mia cara amica Mariella Cucinelli,
che mi ha aiutato e supportato con entusiasmo nel reperimento
di molto materiale smarrito nel tempo.

I PANI DIMENTICATI
Un viaggio attraverso l'Italia per riscoprire i sapori di una volta

Testi: Rita Monastero
Fotografie: Giulio Di Mauro

Redazione Gribaudo
Via Garofoli, 262
37057 San Giovanni Lupatoto (VR)
redazione@gribaudo.it

Responsabile iniziative speciali: Massimo Pellegrino
Responsabile editoriale: Franco Busti
Responsabile di redazione: Laura Rapelli
Responsabile grafico: Meri Salvadori
Redazione: Sara Sorio
Fotolito e prestampa: Federico Cavallon, Fabio Compri
Segreteria di redazione: Daniela Albertini

FSC
www.fsc.org
MISTO
Carta da fonti gestite in maniera responsabile
FSC® C101934

Stampa e confezione: Grafiche Busti - Colognola ai Colli (VR)
azienda certificata FSC®-COC con codice CQ-COC-000104

Socio Unico Giangiacomo Feltrinelli Editore srl
Via Andegari 6 - 20121 Milano
info@gribaudo.it - www.feltrinellieditore.it/gribaudo/

Prima edizione: 2015 [4(Ce)]
Seconda edizione: 2016 [9(D)] 978-88-580-1312-0

– RITA MONASTERO –

I PANI DIMENTICATI

UN VIAGGIO ATTRAVERSO L'ITALIA PER RISCOPRIRE I SAPORI DI UNA VOLTA

GRIBAUDO

SOMMARIO

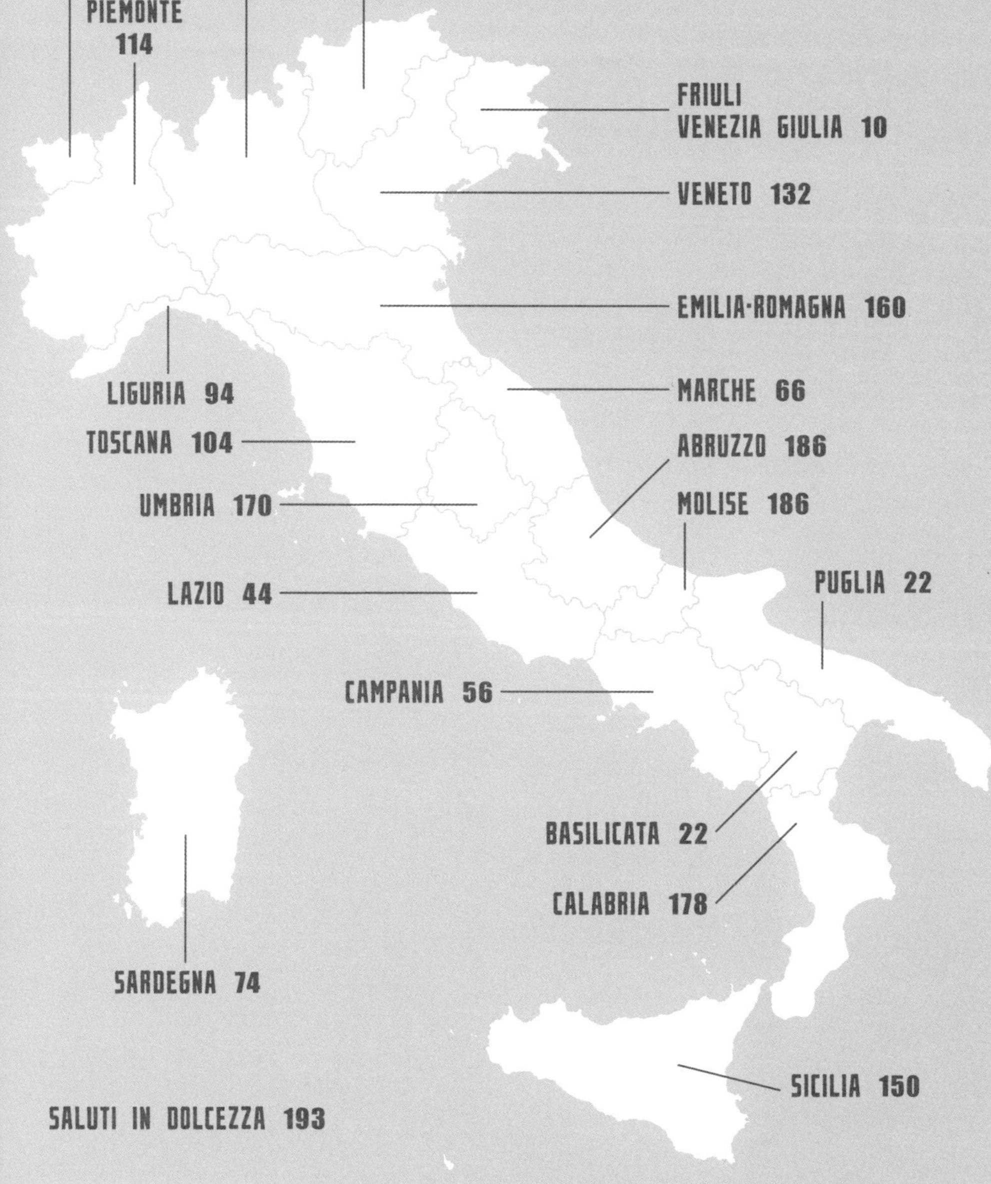

Quando ero piccola, nel mio cassetto segreto, accanto ai tesori più cari, riponevo sempre un pezzo di pane, che sostituivo ogni due o tre giorni quando diventava troppo duro.

Nella mia mente di bambina doveva servire in caso di emergenza, per far fronte a un'avversità qualora si fosse presentata. D'altronde, ero una grande lettrice di fiabe e il pane, da Pollicino in poi, è presente in tantissime storie.

Non ho mai dimenticato la sensazione di tranquillità che mi dava mettere il pane nel cassetto, dopo averlo preso di nascosto dal grande sacchetto di cartone in cucina, e ancora oggi l'odore del pane caldo, appena sfornato, è come una carezza sul cuore, una memoria dell'infanzia, il ricordo della famiglia unita, profumo di casa e di cose buone.

Il pane è così antico che nelle caverne degli uomini preistorici sono state ritrovate le tracce dei primi impasti rudimentali, risalenti a più di diecimila anni fa, e la sua storia ha sempre accompagnato quella della civiltà umana, tanto da diventare sacro in alcune religioni, ma anche strumento di potere e, a volte, fattore scatenante di sommosse e rivoluzioni.

Per noi italiani, popolo del Mediterraneo, il pane è un elemento fondante della dieta, e nel nostro variegato e meraviglioso Paese non c'è borgo, comunità, famiglia che non abbia il suo proprio pane.

Ricette antiche che si tramandano da generazioni e costituiscono un patrimonio importante di storia e cultura. Impasti diversi, in un mondo in cui tutto viene omologato e costretto a sottomettersi alle leggi del mercato e del consumismo.

Sono pani che richiedono ingredienti specifici, naturali, unici, che raccontano un territorio, una geografia, una ricorrenza, che parlano di noi e delle nostre radici.

Ci ricordano da dove veniamo e chi siamo.

E per essere preparati hanno bisogno di tempo, di un atto di amore e di generosità.

La stessa che ci regala Rita Monastero ogni volta che, con pazienza ed entusiasmo, ci insegna come muoverci tra lievito e farina, e che ora, con questo libro prezioso e bellissimo, ci aiuta a conservare la memoria delle nostre tradizioni, affinché possano continuare a essere tramandate.

Sveva Sagramola

Non è un'amicizia di lunga data – non ne ha ancora avuto il tempo – ma un profondo riconoscimento legato a un sentire comune, quello che condivido con Rita Monastero: sono la passione e i sentimenti legati alla tradizione e alla cultura della tavola buona e genuina, il gusto di ritrovare ricette e lavorazioni di quanti prima di noi hanno amato e tramandato questi procedimenti. Rita è una grande appassionata di lievito madre, di questo impasto prodigioso che con acqua, farina e po' di microrganismi riesce, in mani esperte, a dare vita a un mondo affascinante ed entusiasmante e a far nascere prodotti spettacolari, pani e panettoni i cui sapori creano sfumature infinite di emozioni.

A questo mondo l'autrice ha già dedicato un libro e con questa sua nuova opera spinge lo sguardo ancora oltre. Curiosa e studiosa di usanze e tradizioni, qui va alla ricerca di persone, storie e antichi metodi di lavorazione del prodotto più amato dagli italiani, il pane.

Che parola evocativa, dici "pane" e risuona l'eco di mille suggestioni. Pane è un ricordo d'infanzia, è una tradizione che si tramanda, è la storia di un luogo, pane è il simbolo di uno stile di vita fatto di sobrietà e di lavoro – "per guadagnarsi il pane" – delle generazioni che ci hanno preceduto. Il libro di Rita ci porta in viaggio per l'Italia alla scoperta del variegato e molteplice mondo del pane. Pane come cibo versatile dalle innumerevoli declinazioni, pane come prodotto semplice e perciò difficile da arricchire di nuove sensazioni, pane come una volta, fatto dalle mani esperte di chi, spesso in casa, con molto poco a disposizione riusciva a creare piccoli capolavori utilizzando quello che madre natura offriva.

Il libro è proprio questo: riscoprire, regione per regione, antichi modi di panificare, ma soprattutto riscoprire le persone che ci hanno tramandato questi preziosi metodi, che oggi hanno sempre più bisogno di essere sostenuti e valorizzati, facendoli conoscere.

Nel fitto intreccio di luoghi e aneddoti si sente battere il cuore di Rita. E in ogni pane che lei racconta batte una storia di vita e forse di sopravvivenza, una ricerca di equilibri di ingredienti, di prove, di serate passate con le famiglie a preparare un pane per la festa in arrivo. Proprio questo è, credo, l'obiettivo del libro: il recupero delle emozioni che erano parte integrante di quegli ingredienti e che permettevano di creare un'atmosfera quasi magica nel fare e offrire questi prodotti così legati alla terra dove sono nati. Ognuno di questi prodotti è un inno alla particolarità delle nostre terre e tutti insieme compongono una sinfonia corale che celebra la ricchezza della diversità dell'Italia. Del pane, e non solo. È un patrimonio importante di sapere e di saper fare. Importante davvero, perché non ci può essere innovazione senza conoscenza delle proprie tradizioni e della propria storia.

Mauro Morandin

Ancora una volta, a distanza di pochi anni, mi ritrovo davanti a un foglio bianco con un'idea in testa: parlare di pane. Ma non voglio teorizzare su farine e lieviti, temperature e cotture. Voglio parlare del prodotto finito per quello che è; risalire a nascita e origine di questo alimento, riscoprirlo nei tanti suoi aspetti dimenticati; ripercorrere i sentieri del suo sviluppo e consumo, portare alla luce forme e sapori celati dalle piccole realtà delle province italiane. Questo libro è un viaggio, è il mio cammino nel territorio nazionale attraverso paesini o grandi città, da Nord a Sud; all'ombra delle montagne, sulle rive di mari e fiumi o nelle frazioni di campagna, per documentare, ricercare e assaggiare qualcosa che con il tempo rischia di essere dimenticato. Il mio zigzagare senza meta e fili logici è stato l'occasione per immergermi in realtà sconosciute e relazionarmi con persone che tutte, ognuna a modo suo, mi hanno trasmesso qualcosa. Dietro ogni pane c'è una storia. E questa storia ci parla del passato e di usanze che sembrano lontane nel tempo ma che poi, a conti fatti, si può dire che siano ancora dietro l'angolo. Solo che noi uomini facciamo in fretta a voltare pagina e ci lasciamo alle spalle pezzi di vita e tradizioni che ci appartengono e fanno parte del nostro essere; perdere tutto ciò significa smarrire una parte di noi stessi. Se questo accadesse, se lasciassimo andare questi ricordi, perderemmo una parte importante di ciò che siamo.

L'Italia è fatta da tante piccole territorialità indipendenti, microrealtà che, incredibilmente, capita che non si integrino con quelle presenti a pochi chilometri. La nostra nazione ha un passato contadino e sono tante le storie che fanno capolino da una fetta di casereccio dalla mollica asciutta e compatta o da un morbido pane dolce, da una ciambellina speziata, da un grissino croccante. Queste storie rappresentano il bagaglio che tutti ci portiamo sulle spalle: come uno zaino appesantito da attrezzature e generi di conforto ai quali proprio non possiamo rinunciare. Ecco, quelle vettovaglie le abbiamo nel sangue, siamo il risultato di tutto ciò che altri prima di noi hanno costruito, creato e lasciato ai posteri. I pani dimenticati non sono solo quelli classici a base di acqua e farina; sono anche focacce azzime condite con i ciccioli o torte dalla consistenza ruvida e dal sapore rustico. Sono i dolci della festa di giorni che non ci sono più, quando certo i prodotti erano più poveri ma forse proprio per questo speciali. Dire pane non è dire solo rosetta o casereccio, ciabatta o mantovana; anche le tipologie più conosciute troveranno spazio in questo nostro parlare, ma lo scopo principale del mio viaggio è stato il desiderio di documentare e raccontare aneddoti e ricordi di famiglia legati ai tanti prodotti assaggiati. E in questo mio percorso attraverso l'Italia ho incontrato tante belle persone, che ringrazio per l'aiuto che mi hanno dato e per avermi generosamente regalato schegge delle loro vite e pezzetti del loro pane. Perché un pezzo di pane non si nega a nessuno.

Rita Monastero

IL PANE DEL FRIULI VENEZIA GIULIA

È d'obbligo iniziare questo libro partendo dal Friuli Venezia Giulia, perché questa è stata la prima regione italiana che si è mossa a tutela del pane, per salvaguardarne le tipicità e i processi tradizionali di realizzazione. Il mercato nazionale è letteralmente invaso da pani importati dall'estero, con farine di dubbia provenienza e precotti con modalità non solo discutibili ma a volte anche dannose per la nostra salute. Essi, tuttavia, sono resi appetibili da un costo modesto e per questo motivo, complice la disinformazione dei consumatori, trovano favore presso una larga fascia di mercato. Il Friuli, regione molto attiva in tal senso, ha promosso la campagna per la valorizzazione del pane artigianale, prodotto con lieviti di qualità e farine certificate, ottenute da cereali a volte anche recuperati. In questo mio studio della tradizione locale dell'arte bianca, mi sono imbattuta in tante ricette di antica memoria, tramandate magari solo oralmente, le cui trascrizioni sono irreperibili; è il caso dei saltimpanza, per esempio, che altro non sono se non semplici panini ingolositi da burro e zucchero prima di pezzatura e cottura.

È anche il caso del pan de sorc. Questo pane, diventato Presidio Slow Food per la sua tipicità, ha una bella storia, che ci parla di uomini che amano la terra e sentono forte il legame con la natura. Sorc è il nome friulano del mais cinquantino, una specie scomparsa e rimessa a dimora da alcuni produttori, che si chiama così per il suo breve ciclo di vita: esso, infatti, matura in cinquanta giorni verso agosto. Il pan de sorc si colloca territorialmente fra le montagne della Carnia ed è nato come elemento di festa; le sue origini sono certamente mutuate dall'Impero asburgico, verso il quale migravano molti contadini in cerca di lavoro. Pur essendo tipicamente preparato e consumato durante le festività natalizie, esso è l'ospite d'onore della Fiera del Pane e dell'Olio, che tutti gli anni si tiene a Gemona il 13 giugno, in onore del patrono S. Antonio da Padova. Si realizza anche con farina di segale e farina di frumento e può essere arricchito da noci e fichi secchi, cannella, semi di finocchio o uva passa; rotondo e basso, ha sapore dolciastro, crosta ben dorata, mollica gialla. Si mantiene a lungo e si consuma anche secco nella zuppa di latte o come ingrediente del crafut, polpette dolciastre a base di interiora di maiale, mele e uva passa.

Ma, a livello puramente personale, c'è un motivo ben preciso per il quale il mio viaggio fantastico attraverso il nostro Paese doveva iniziare dal Friuli. C'è una storia di amicizia che mi lega alla città di Trieste, in cui vivono tante persone che mi sono care e con cui ho intessuto rapporti personali e professionali.

La bellezza di questa città dà alla testa, i suoi colori sono pennellate dalle sfumature vivide; i suoi piatti hanno carattere, i suoi pani hanno una storia.

In un quartiere della città che si chiama Servola, e non a caso in Via del Pane Bianco, si trova il Museo Etnografico, e si trova qui per una ragione storica molto interessante che ora vi racconto.

Nel passato Servola era una piccola zona rurale alle porte di Trieste, solo con il tempo integrata nella città al punto da diventarne quartiere a tutti gli effetti. Il termine deriva dalla parola latina *silvula*, «piccola selva», e i boschi della zona abbondavano di legno nocino che, usato per alimentare i forni, conferiva al pane un aroma particolare. Il pane di Servola è stato per secoli molto apprezzato, poiché si diversificava totalmente da tutti gli altri tipi in commercio; mentre questi ultimi erano prodotti con farine grezze e scure, quello di Servola era bianchissimo e molto raffinato. Non possiamo datarne con certezza le origini, ma possediamo dei documenti ufficiali che ci riportano indietro al 1756, quando i reali asburgici richiesero a Vienna la presenza delle *pancogole*, perché insegnassero il loro mestiere ai fornai austriaci. Ma chi erano le *pancogole*? Erano le donne del posto, che tutti i giorni producevano nelle loro abitazioni dai 10 ai 40 kg di pane, per trasportarlo in città dentro grandi ceste e lì venderlo. Era un mestiere duro e anche osteggiato dai panificatori uomini, che provarono a entrare in concorrenza con loro e nel 1757 fondarono l'Impresa del Pane; essi brigarono per ottenere l'esclusiva della vendita di pane e ci riuscirono sino al 1767, anno in cui le *pancogole* furono riammesse al commercio, riprendendone l'indiscusso dominio. Queste donne producevano la biga servolana, due ovali di pasta uniti e attraversati da un'incisione centrale; esse cessarono definitivamente la loro attività nel 1954, ma il loro pane morbido e bianco viene ancora prodotto e venduto in tutto il Friuli Venezia Giulia e specialmente nella splendida Trieste. La biga è conosciuta anche con il termine *bina*, che in dialetto significa «coppia», e richiama perfettamente la sua forma. Non posso non darvene la ricetta, perché siamo davanti a un pezzo di storia dell'arte bianca friulana.

BIGA SERVOLANA 1

Ingredienti

PRIMO IMPASTO (BIGA)
- 100 g di farina di forza
- 50 g di acqua tiepida
- 1 g di lievito di birra

SECONDO IMPASTO
- 150 g di farina di forza
- 90 g di acqua tiepida
- biga lievitata
- 8 g di sale
- 1 cucchiaio di strutto

Procedimento

Per preparare la biga, sciogliete il lievito nell'acqua e amalgamate il liquido alla farina, lavorando sino a ottenere un impasto morbido; lasciatelo riposare per 10 ore a una temperatura massima di 24 °C.

Per il secondo impasto, lavorate la farina con la biga lievitata e l'acqua che occorre e continuate a impastare sino a quando il composto non diverrà liscio e omogeneo. Incorporate per ultimi sale e strutto e fate riposare la pasta sino a quando non avrà raddoppiato il suo volume (serviranno 2-3 ore). Suddividete l'impasto in porzioni del peso di 40 g di ciascuna, sagomatele in forme ovali e ponetele a lievitare accoppiate su una teglia coperta di carta da forno, disposte a breve distanza una dall'altra e spolverizzate di farina. Dopo 30 minuti, praticate un'incisione longitudinale al centro di ogni panino che si sarà formato e infornate a 220 °C per 15 minuti o sino a completa doratura.

PAN ZAL 2

"Pane giallo" o "Pane con la zucca", da cui prende la caratteristica colorazione paglierina. Impastato con farina di segale e di mais, è arricchito da fichi secchi e semi di finocchio e nel passato veniva cotto sotto le braci del camino, avvolto in foglie di verza. È una ricetta antica, che ancora oggi si produce e distribuisce specialmente in occasione della sagra di San Luca, a Rosa, una frazione di San Vito al Tagliamento, in provincia di Pordenone.

Ingredienti

- 400 g di farina di mais
- 100 g di farina di segale
- 100 g di zucchero
- 80 g di pasta madre
- 250 g di zucca cotta, preferibilmente a vapore
- 50 g di strutto
- 1/2 bicchierino di grappa
- 200 g di uva passa o fichi secchi tritati
- 10 g di semi di finocchio
- 10 g di sale

Procedimento

Mescolate le due farine con lo zucchero e la zucca; unitevi la pasta madre sciolta in poca acqua tiepida e lo strutto e lavorate con la grappa e poca acqua. Incorporate infine il sale, i semi di finocchio e i fichi o l'uva passa e formate dei panini del peso di circa 80 g ciascuno; lasciateli raddoppiare di volume in un luogo tiepido per circa 2 ore. Infornate a 220 °C per 20 minuti circa.

Potete preparare il pan zal anche con 25 g di lievito di birra, al posto della pasta madre.

PAN DE FRIZZE 3

L'ingrediente principale di questo pane – da cui prende il nome – sono i ciccioli di maiale. Ne consegue che questo prodotto è sempre stato consumato nel periodo invernale, in seguito alla macellazione dei maiali; decisamente molto saporito e consistente, è arricchito anche dalla presenza dello strutto. Questa è la versione dolce.

Ingredienti

- 200 g di farina 00
- 100 g di farina di mais
- 50 g di pasta madre
- 200 g di latte
- 80 g di zucchero
- 100 g di ciccioli
- 30 g di strutto
- 5 g di sale

Procedimento

Lavorate un pugno di farina 00 con la pasta madre e il latte tiepido, in modo da formare un panetto morbido; lasciatelo lievitare sino al raddoppio del volume. Mescolate la restante farina 00 e quella di mais sulla spianatoia e unitevi il sale, lo zucchero e lo strutto; incorporate il panetto lievitato, lavorando bene la massa per renderla omogenea, e infine i ciccioli. Formate un filone e lasciatelo raddoppiare di volume su una teglia unta di strutto; incidetene la superficie e infornate a 190 °C per 20 minuti circa.

Se volete potete sostituire la pasta madre con 20 g di lievito di birra.

1

2

3

4

PANE GRISPOLENTA 4

A dispetto del nome, non si tratta di un pane, ma di spessi grissini a base di farina di mais, originari della zona carnica, in particolare di un paese che si chiama Prisco di Socchieve, in provincia di Udine, dove c'è un forno che li produce dal 1870.

Ingredienti

- 300 g di farina 00
- 200 g di farina di mais
- 70 g di pasta madre
- 75 g di strutto
- 200 g ca. di acqua
- 10 g di sale

Procedimento

Disponete le farine a fontana sulla spianatoia, con il sale e lo strutto a fiocchetti intorno ai bordi e la pasta madre al centro; iniziate a impastare con l'acqua tiepida versata a filo e incorporate via via tutta la farina per formare una massa omogenea, dosando il liquido secondo necessità. Lasciate lievitare la massa in un luogo tiepido sino al raddoppio del volume (serviranno un paio d'ore); stendetela e ritagliate dei larghi e spessi grissini. Allineateli su una teglia unta di olio e infornateli a 190 °C per 20 minuti circa.

Potete sostituire, se occorre, la pasta madre con 15 g di lievito di birra.

PAN DI CJASE 5

Per questa ricetta non posso darvi dosi univoche, perché non esistono. *Pan di cjase* significa «pane di casa», quello cioè fatto a uso e consumo delle singole famiglie; in ogni casa della regione si produceva e si produce tutt'ora secondo tradizione e gusto soggettivi, quindi con pezzature e grammature differenti. In linea di massima, però, la regola codificata richiede che esso sia preparato con farine diverse, di grano, orzo, mais e segale, in parti uguali. L'impasto è sodo, con un'idratazione pari più o meno al 50% e si incorpora anche dello strutto, nella quantità di un cucchiaio su un chilo di farina; le proporzioni ideali sono dunque quelle che seguono.

Ingredienti

- 250 g di farina 00
- 250 g di farina di mais
- 250 g di farina di orzo
- 250 g di farina di segale
- 100 g di pasta madre
- 1 cucchiaio di strutto
- 12 g di sale
- 500 g ca. di acqua

Procedimento

Impastate tutti gli ingredienti indicati. L'impasto preparato dovrà lievitare sino al raddoppio del volume e poi essere sagomato a pagnotta; fate lievitare di nuovo e cuocete a 190 °C per 30 minuti circa.

PINZA TRIESTINA 6

Questa non è una ricetta in via di estinzione, e non è nemmeno la ricetta di un pane. In realtà si tratta di un dolce – una specie di pan brioche – che in origine si preparava e consumava a Trieste essenzialmente per le festività pasquali e che oramai, essendo una specialità del luogo, è facilmente reperibile tutto l'anno. Anche se è largamente diffuso, rientra a pieno titolo nel nostro elenco, poiché ne esistono innumerevoli varianti e ogni famiglia ne possiede una propria; fra tutte ho selezionato per voi quella a cui sono particolarmente legata, poiché me l'ha passata Franco Villari, mio carissimo amico. Lui è triestino doc, persona speciale, grande intenditore di cucina; la sua madrina di battesimo, la signora Marianna, gli voleva un gran bene e gli preparava sempre questo meraviglioso dolce, di cui poi gli ha donato la ricetta. Lui l'ha regalata a me e mi ha accordato il permesso di pubblicarla.

Ingredienti totali, suddivisi fra quattro impasti, come spiegato di seguito:

- 100 g di pasta madre ben attiva
- 800 g di farina
- 50 g di latte
- 200 g di zucchero
- 1 uovo
- 7 tuorli
- 150 g di burro
- 1 pizzico di sale

PER COMPLETARE

- 1 uovo per spennellare

PRIMO IMPASTO
- 100 g di pasta madre
- 100 g di farina
- 50 ml di latte
- 1 cucchiaio di zucchero
- 1 pizzico di sale

SECONDO IMPASTO
- 250 g di farina
- 100 g di zucchero
- 1 uovo
- 3 tuorli
- 50 g di burro

TERZO IMPASTO
- 250 g di farina
- 50 g di zucchero
- 2 tuorli
- 50 g di burro

QUARTO IMPASTO
- 200 g di farina
- 50 g di zucchero
- 2 tuorli
- 50 g di burro
- scorza grattugiata di limone e arancia non trattati
- essenza di vaniglia
- 1 pizzico di anice stellato in polvere
- 1 spruzzata di vino di Cipro o vino dolce

Procedimento

Lavorate il primo impasto e lasciatelo raddoppiare di volume; quando ciò sarà avvenuto, preparate il secondo, incorporatevi il primo e lasciatelo lievitare. Procedete allo stesso modo con gli altri impasti, fino a preparare l'ultimo. Lavorate lungamente la massa così ottenuta finché non diventerà elastica; formate 2 o 3 pallotte, poggiatele sulla teglia foderata di carta forno e lasciate che riprendano la lievitazione. Praticate 3 tagli a Y sulla superficie delle pinze, spennellate con l'uovo sbattuto e infornate a 180 °C per 25-30 minuti o sino a doratura. Se le pinze diventano troppo colorite, copritele con alluminio per alimenti a metà cottura.

5

6

7

8

PAN DE FIGO

7

Pane ai fichi, un sorta di dolce, in realtà un semplice pane arricchito da fichi secchi e uva passa, una merenda d'altri tempi. Nonostante sia di antica tradizione e tutti lo conoscano e ne parlino, non è stato affatto semplice reperirne la ricetta. Questa mi arriva dal racconto di un'anziana signora che vive vicino a Duino e che comprava o preparava il pane ai fichi per la merenda dei suoi bambini.

Ingredienti

· 400 g di pasta da pane già lievitata

PER CONDIRE

· 500 g di fichi secchi
· 100 g di uva passa
· foglie fresche di alloro

Procedimento

Mettete la frutta secca a bagno per ammorbidirla e tritatela finemente. Incorporatela alla pasta lievitata e formate dei panini di forma allungata; fateli lievitare su una teglia coperta con carta forno e infornateli a 190 °C per 20 o 30 minuti, a seconda della loro grandezza. Una volta cotti, ricopriteli con le foglie di alloro, in modo che, mentre sono ancora caldi, ne assorbano l'odore.

Se non sapete come preparare la pasta da pane con la pasta madre, vi posso consigliare questa mia dose:

· 300 g di farina
· 30 g di pasta madre attiva
  e ben rinfrescata
· 150-180 g di acqua
· 8 g di sale

La mia amica mi ha anche raccontato che, a volte, metteva l'uva passa a bagno nel rum e/o aggiungeva al trito di frutta secca un po' di scorza di limone grattugiata.

Per quanto mi riguarda, posso dirvi che ho provato questa ricetta con le varianti suggerite e, in più, ho anche spennellato i panini appena sfornati con una leggerissima glassa di acqua e zucchero, che li ha resi un po' meno rustici. In questo caso, li ho solo poggiati sulle foglie di alloro e non ricoperti con esse.

COLAZ O PANE DI SAN VALENTINO 8

Come già il pane grispolenta, anche questo cosiddetto pane in realtà non lo è, poiché esattamente si tratta di ciambelline dolci. È un prodotto tipico di tutto il Friuli, con appendici anche verso il Veneto, dove queste ciambelle sono chiamate bussolai. Tipicamente identificano il dolcetto delle feste o delle grandi occasioni, quello da confezionare con nastri colorati per appenderlo al polso o al collo dei cresimandi, oppure da distribuire agli ospiti a conclusione dei banchetti nuziali. Le varianti più o meno speziate non si contano, ma la più nota è quella di Borgo Pracchiuso, in provincia di Udine, dove il 14 febbraio si festeggia San Valentino, protettore contro la peste. In occasione dell'evento vengono prodotti e distribuiti pani benedetti che non saranno consumati, ma conservati in casa per tutto l'arco dell'anno, insieme a una piccola chiave dorata, a simbolica protezione dalle malattie. Inoltre si preparano queste ciambelline, il pane di San Valentino, appunto.

Ingredienti

- 500 g di farina
- 150 g di zucchero
- 150 g di burro
- 1 cucchiaino di cremortartaro
- 1 pizzico di cannella
- 1 cucchiaino di scorza di limone non trattato grattugiata
- vino bianco friulano
- 1 pizzico di sale

Procedimento

Impastate tutti gli ingredienti e formate le ciambelline; allineatele su una teglia imburrata o coperta di carta da forno e lasciatele riposare per un'oretta. Infornate a 190 °C per 15 minuti circa o sino a quando non saranno dorate. I colaz si possono preparare anche usando 2 cucchiaini di lievito per dolci al posto del cremortartaro.

IL PANE DELLA PUGLIA E DELLA BASILICATA

IN PUGLIA

Il mio cercare e riscoprire non poteva non portarmi in Puglia, una regione così tanto visitata e apprezzata per natura, territorialità selvaggia, mare splendido, cucina saporita e accattivante.

In questo posto come da nessun'altra parte non esiste univocità nelle preparazioni e tutto viene prodotto e a volte anche chiamato in modo diverso. Capita che, a distanza di un paio di chilometri, alcuni termini dialettali riferiti allo stesso concetto – non solo in ambito gastronomico – poco abbiano in comune e che questo valga anche per alcune preparazioni. La spiegazione è semplice: la Puglia è una regione estremamente lunga, che nel corso dei secoli ha subito dominazioni di diversa natura; i suoi territori sono come slegati uno dall'altro e davvero ben poco si ritrovano in comune, anche sulla tavola. Prendiamo il caso delle orecchiette: chi non le conosce? Anche se la loro forma è comune a tutta la regione, esse variano notevolmente a seconda della zona di produzione. Verso Martina Franca, in provincia di Taranto, sono grandi, e pure tanto; a Bari e territori limitrofi sono minuscole e incredibilmente aggraziate; da Lecce in giù sono di misura media. Anche l'impasto è dissimile: nel baresano sono realizzate con sola semola di grano duro, che le rende callose e quasi elastiche; nel leccese invece con una percentuale di rimacinato di semola e di grano tenero, per una consistenza più omogenea. Da Lecce in giù, poi, ci sono alcuni comuni in cui la miscela è costituita da farina di grano tenero e farina di orzo, per un risultato decisamente più rustico e connotato. C'è una zona del Salento, circoscritta a una manciata di comuni, denominata Grecìa Salentina, a indicarne le commistioni con la Grecia; pensate che qui si parla uno strano dialetto non ben definito, un incrocio fra italiano, vernacolo locale e greco antico, e lo si comprende solo se si è del posto. Questa estrema eterogeneità si riflette enormemente nella produzione di pane, in relazione alla quale manca una conoscenza approfondita, perché generalmente ci si limita ad associare il concetto di pane pugliese a quello prodotto ad Altamura, non solo ottimo, ma diffuso e commercializzato in tutta la Nazione. Invece in Puglia esistono pani di ogni tipo e sapore, realizzati con farine diverse, arricchiti e insaporiti in vari modi, con una loro storia, un loro passato.

Sono pani che pesano, in tutti i sensi, a cominciare da quello letterale, perché generalmente hanno bassa idratazione, di conseguenza mollica compatta a piccoli alveoli, e perché sono resi ancor più saporiti dalla lievitazione naturale. Ma pesano perché il loro passato contadino, le loro povere origini ci riportano indietro a storie di miseria, quando questo alimento era forse l'unico mezzo di sussistenza.

Oggi questi pani sono stati rivalutati, un po' come già accaduto per tanti altri prodotti; ricercati, richiesti, apprezzati. Ce n'è un tipo praticamente introvabile, prodotto in un comune del Basso Salento, in provincia di Lecce, a una dozzina di chilometri da Gallipoli.

Questo paese si chiama Matino e il suo pane merita di essere raccontato.

PANE DI MATINO 9

Chiudiamo gli occhi e facciamo un viaggio a ritroso nel tempo: trasportiamoci nel lontanissimo passato di questa piccola comunità rurale, la cui sussistenza era garantita proprio dall'agricoltura. Si lavorava la terra con una fatica immane; i contadini partivano da casa all'alba e vi rientravano dopo ore, esausti. Si alzavano che era ancora notte e facevano una colazione sostanziosa, che desse loro la possibilità di affrontare la giornata durissima; poiché non esistevano cappuccini schiumosi e raffinati prodotti da forno lievitati, la loro colazione consisteva in fette di pane casereccio strofinate con pomodori maturi tagliati a metà e condite con olio di oliva, amaro e piccante. Il pane lo facevano in casa le loro donne, una volta ogni 7-10 giorni e ne facevano talmente tanto da soddisfare il fabbisogno di tutta la famiglia per tutto questo periodo; l'operazione era complessa e richiedeva l'intera giornata. La massa di farina e lievito naturale aveva bisogno di una lunga lavorazione e di un tempo di riposo ancor più lungo, poi subentravano la pezzatura, l'ulteriore lievitazione e la cottura. Ma partiamo dal lievito. In realtà, più che di lievito naturale dobbiamo parlare di pasta da riporto, un concetto più ampio. Il lievito, si sa, è neutro e adatto a qualsiasi tipo di produzione; la pasta da riporto altro non è se non un pezzettino di pasta sottratto alla massa lavorata prima della pezzatura e della cottura. Conservato nella madia, sarebbe stato l'elemento di lievitazione per l'impasto della volta successiva; naturalmente, in questo lasso di tempo esso si seccava a causa dell'aria, da cui il ruvido canovaccio lo proteggeva appena, e per poter essere utilizzato doveva essere privato della crosta superficiale.

Non tutte le case di paese erano dotate di forni adatti alla cottura di simili quantitativi, perciò essa veniva demandata al fornaio locale, che ritirava il pane di casa in casa e poi lo restituiva alle legittime proprietarie bello pronto, richiedendo come contropartita una piccola percentuale sul volume totale, che poi avrebbe destinato alla vendita in proprio. Ancora oggi, transitando per Matino, non è raro imbattersi nell'Ape del fornaio – che ha sostituito il carretto a mano – che trasporta le forme di pane da mandare in cottura, allineate una accanto all'altra su assi di legno. E ancora oggi l'accordo stipulato è sempre lo stesso: una parte di quel pane finirà sugli scaffali della bottega.

Ma torniamo al nostro racconto. Come fare in modo che le pagnotte, tutte simili per pezzatura e ogni altra caratteristica, non fossero confuse e che ciascuna massaia ritirasse le proprie? Era necessario contraddistinguerle con un segno particolare, che identificasse ogni singola famiglia: una grossa chiave, un sigillo, una croce, un qualsiasi elemento utile per l'identificazione del pane veniva impresso sulla sua sommità prima della cottura.

Il pane di Matino oggi non si trova più facilmente, nel senso che non è reperibile nei negozi; certamente viene ancora consumato, ma nelle abitazioni private dove esso viene prodotto. Si presenta in forme che variano da 800 g a 1 kg, ha una crosta durissima e molto scura, lucida, perché appena fuori dal forno le pagnotte vengono accarezzate con un panno bagnato; l'impasto è a base di farine miste ma non integrali, dunque preferibilmente semola di grano duro e farina di grano debole; l'idratazione, non superiore al 50%, rende la mollica estremamente compatta e poco alveolata e pertanto in grado di resistere a lungo senza deteriorarsi. La durezza della crosta dipende dalla cottura in forno a legna, ma certamente si otterranno ottimi risultati anche nel forno elettrico d'uso domestico.

E infine l'ultima caratteristica: il sapore molto particolare, che ne spiega anche la difficile reperibilità. Questo non è un pane per tutti, ha molto carattere, un sapore antico che ci parla di cose buone e ci riporta in un'epoca che non c'è più. Difficile da collocare, anche perché estremamente caratterizzato da un'elevata percentuale di lievito madre che gli dà quel tipico retrogusto acido, che può non piacere a tutti i palati, ma certamente piacerà a quelli degli intenditori.

Ingredienti

- 300 g di semola rimacinata di grano duro
- 300 g di farina 0
- 300 g di pasta madre rinfrescata e attiva
- 12 g di sale
- 400-450 g ca. di acqua

Procedimento

Lavorate le farine con la pasta madre e un po' d'acqua; aggiungete il sale e continuate a impastare a lungo, aggiungendo acqua secondo necessità per formare una massa omogenea, compatta e consistente. Lasciate lievitare la massa al coperto sino al raddoppio del volume, per diverse ore (anche 6-8), in relazione alle diverse condizioni ambientali. Formate il pane, poggiatelo su una teglia infarinata e fatelo lievitare ancora; questa volta occorreranno meno ore (circa un paio). Praticate i tagli superficiali e infornate alla massima temperatura per i primi 30 minuti, collocando la teglia in posizione centrale; riducete la temperatura a 170 °C, spostate il pane sul fondo del forno attivando, se possibile, la funzione cottura ventilata solo inferiore, e continuate a cuocere per altri 30 minuti.

MPILLE

10

Andiamo a Sannicola, in provincia di Lecce, per assaporare questi deliziosi panini dall'impasto condito con un saporito soffritto; in tutta la zona del Basso Salento si ritrovano tipologie simili, con nomi totalmente differenti. Ad esempio, a Maglie si chiamano pizziongule; a Patù o a Castrignano – quindi nella zona del Capo di Leuca – sono dette asimeddhe. Il denominatore comune è sempre lo stesso condimento, ma con qualche ingrediente in più o in meno: zucchine, olive, peperoncino... e così ci troviamo davanti ai pizzi, alle pucce, alle piscialette. Le mpille, ad esempio, di cui segue la ricetta dettagliata, sono arricchite da cipolle, pomodori, olive nere e peperoncino; i pizzi sono simili, ma sono chiamati così nella città di Lecce. Le piscialette sono condite con il solo soffritto di cipolle e pomodori, mentre le pucce con le sole olive nere, senza soffritto. Alla tradizione della Grecìa Salentina, e precisamente al comune di Zollino, in cui è protagonista di una sagra, appartiene la scéblasti, nome mutuato dal grico – la lingua che si parla in quella zona – che significa «senza forma». Il perché è presto detto: questo pane viene realizzato con un impasto molto molle, buttato con le mani direttamente sul forno a legna in cui cuoce. È più che altro una specie di focaccia molto ricca, condita con zucchine, pomodoro, cipolle, olive, origano, peperoncino; quando è di stagione, anche con la zucca. Tutte queste specialità hanno l'impasto soffice e prevalentemente a base di semola di grano duro.

Ingredienti

- 600 g di semola rimacinata di grano duro
- 400 g di farina 0
- 100 g di pasta madre
- 100 g di olio extravergine di oliva
- 12 g di sale

PER CONDIRE

- 2 cipolle grosse
- 500 g di zucchine
- 250 g di pomodori
- 150 g di olive nere, preferibilmente del tipo Leccino con nocciolo
- peperoncino (facoltativo)

Procedimento

Tagliate a cubetti piccoli le verdure e lasciatele spurgare. Preparate l'impasto con gli ingredienti indicati, usando anche l'acqua di vegetazione dei pomodori, e fatelo lievitare sino al raddoppio. Intanto soffriggete metà delle verdure e aggiungete alla pasta lievitata sia le cotte che le crude; incorporate anche le olive e, se lo si desidera, il peperoncino. Formate dei panini di uguale pezzatura, rotolateli nella farina e lasciateli ancora lievitare. Infornateli a 220 °C per 20 minuti circa.

In mancanza della pasta madre, lavorate l'impasto con 25 g di lievito di birra.

11

PUCCIA

11

Questo non è un pane scomparso, ma non possiamo non ricordarlo perché la sua diffusione è prettamente territoriale; non solo si trova facilmente in commercio, ma è ancora oggi preparato praticamente in tutte le case. Nel passato, esso era legato a doppio filo alla vigilia della festa dell'Immacolata, di Natale o Pasqua, cioè a tutti i periodi che prevedevano un'alimentazione di magro; oggi è reperibile senza alcuna difficoltà in ogni periodo dell'anno. È un semplice panino a farine miste di semola e di grano tenero, arricchito nell'impasto da olive Leccino, quindi nere e piccole, assolutamente non denocciolate. Fate dunque molta attenzione nel mangiarlo, per evitare fastidiosi imprevisti con la dentatura.

Ingredienti

- 300 g di farina 0
- 200 g di semola rimacinata di grano duro
- 50 g di pasta madre
- 12 g di sale
- 300 g di olive della varietà Leccino

Procedimento

Preparate un impasto alquanto morbido con tutti gli ingredienti, tranne le olive, e dell'acqua e lasciatelo raddoppiare di volume. Incorporate le olive e formate i panini; passateli nella farina 0, allineateli su una teglia a sua volta ben spolverizzata di farina e lasciateli ancora crescere. Infornateli a 220 °C per 20 minuti circa.

Le pucce si possono preparare anche con 12 g di lievito di birra, in sostituzione della pasta madre.

TARALLINI DI NONNO BENEDETTO 12

Questa ricetta me l'ha donata con entusiasmo una delle mie più care amiche, Mariella Cucinelli, con gli occhi che le brillavano nel tirare fuori dalla memoria questo dolcissimo ricordo. Suo nonno Benedetto possedeva a Gagliano del Capo un forno molto grande, la cui linea di produzione non includeva questi tarallini. Li faceva preparare apposta per la sua nipotina prediletta, su indicazioni della prozia Addolorata, che seguiva passo passo il garzone nella realizzazione degli stessi. La signora Addolorata oggi ha 84 anni, ed è stata ben felice di collaborare con noi.

Ingredienti

- 500 g di farina
- 100 g di pasta madre ben attiva
- 100 g di olio extravergine di oliva
- semi di finocchio freschi
- pochissimo liquore di anice
- sale

Procedimento

Impastate tutti gli ingredienti con acqua e lasciate che la massa raddoppi il suo volume; formate i tarallini, lasciateli ancora riposare per circa mezz'ora e infornateli a 190 °C per 15 minuti circa. Naturalmente, il tempo di cottura dipenderà dalla loro grandezza. Saranno ancora più buoni se cotti nel forno a legna.

12

CUDDHURA

Di questa ricetta esiste la doppia variante, sia dolce che salata, ma in un caso o nell'altro essa viene realizzata comunque esclusivamente per Pasqua nei paesi dell'entroterra leccese. Si tratta di un pane all'olio o di un biscottone lievitato foggiato nelle forme più fantasiose – generalmente a canestrino – e sempre arricchito da un uovo sodo. Nel barese questa stessa ricetta viene chiamata scarcella.

CUDDHURA SALATA 13

Qui entrano in gioco i miei ricordi personali e mi riportano indietro nel tempo a quando, bambina, vivevo con trepidazione questa tradizione pasquale. Ricordo che, tornando a casa da scuola nei primissimi anni delle elementari, il Venerdì Santo trovavo questi panini golosi pronti per il pranzo che, prima di approdare sulla nostra tavola, erano stati già benedetti dal parroco del paese. In casa se ne preparavano in considerevole quantità, in modo che potessero essere consumati anche nei successivi giorni di festa, accompagnati ai salumi del luogo. E, naturalmente, non erano stati acquistati al forno del paese, ma fatti in casa da mia zia Wanda e dalla fedelissima Emma, che la aiutava sempre in tutto.

Le cuddhure sono panini pesantucci, poiché lavorate con una bella quantità di olio, e sono completate da un uovo sodo, collocato nell'impasto con tutto il guscio; nel passato le uova venivano incorporate crude nella cuddhura, ma la mia mamma mi ha insegnato a bollirle per qualche minuto prima di utilizzarle, a fini igienici.

Ingredienti

· 500 g di farina 00
· 50 g di pasta madre
· 100 g di olio extravergine di oliva
· 8 g di sale

PER COMPLETARE
· uova

Procedimento

Rassodate parzialmente le uova. Disponete la farina a fontana sul piano di lavoro e collocate la pasta madre al centro; impastate con un po' d'acqua tiepida e incorporate l'olio a filo. Utilizzate tanta acqua quanta ne occorre per far rassodare la pasta ma facendo in modo che rimanga alquanto morbida e omogenea. Aggiungete il sale per ultimo. Lasciate lievitare l'impasto sino al

13

14

15

16

raddoppio del volume, poi suddividetelo in porzioni uguali, da sagomare a piacere. Collocate un uovo al centro di ciascun panino e bloccatelo con strisce di pasta intrecciate fra loro. Lasciate lievitare ancora i panini e infornateli a 200 °C per 20 minuti circa.

Se volete potete utilizzare 12 g di lievito di birra, in sostituzione di quello naturale.

CUDDHURA DOLCE 14

Questi, invece, sono biscotti e nulla hanno a che vedere con la ricetta precedente.

Ingredienti

- 500 g di farina
- 200 g di zucchero
- 30 g di burro
- 20 g di strutto
- 20 g di ammoniaca per dolci
- 2 o 3 uova
- scorza grattugiata di limone non trattato
- sale

PER COMPLETARE

- albume
- uova sode
- mompariglia

Procedimento

Impastate la farina con tutti gli ingredienti indicati, usando il terzo uovo solo se l'impasto dovesse presentarsi troppo duro. Lavorate sino a ottenere una pasta liscia e compatta; stendetela e ricavatene delle forme a piacere (generalmente una bambolina o un pupazzetto, un pesce, un cestino o un galletto). Ponete un uovo sodo al centro di ogni soggetto e fissatelo con dei cordoncini di pasta; spennellate con albume, decorate con mompariglia e infornate a 190 °C per 20 minuti circa.

FOCACCIA DI MAIS 15

Nell'Appennino Dauno si distendono tanti piccoli comuni arroccati fra i monti; il clima da queste parti può essere rigido e quindi i piatti che si portano in tavola hanno caratteristiche ben precise e differenti da quelli delle altre zone della regione. Sono ricchi, più pesanti, aiutano a sostenere il fisico. A Castelnuovo della Daunia ho mangiato questa particolare focaccia di mais, che comunque si consuma un po' in tutti i comuni della zona. Più che una focaccia, in realtà è una schiacciata consistente e compatta, infatti è priva di lievito; nel passato veniva cotta sulla cenere, racchiusa fra due foglie di cavolo, che le davano quel tocco di sapore in più, secondo la tecnica già in uso in Friuli.

Ingredienti

- 500 g di farina di mais
- 200 g di salsicce o pancetta di maiale
- sale
- olio extravergine di oliva
- foglie di cavolo per cuocere

Procedimento

Tritate finemente le salsicce spellate o la pancetta e soffriggetele in olio; impastate la farina di mais con il sale, il soffritto di carne e acqua sufficiente per ottenere un composto morbido. Secondo la tradizione antica, questa preparazione va cotta fra le foglie di cavolo poggiate sulla cenere del camino, ovviamente coperta da altre foglie, ricoperte a loro volta da altra cenere. In alternativa, oggi la focaccia viene preparata nelle case prive di camino semplicemente sistemata all'interno di una teglia ben unta, preferibilmente di rame, oliata sulla superficie e infornata a fuoco moderato sino a doratura; dunque più o meno a 190 °C per 20 o 30 minuti, a seconda della pezzatura.

PANE SCHIAVONESCO 16

Con questa incredibile ricetta ci catapultiamo nella prima metà del Settecento, a Corato, in provincia di Bari, dove viveva il notaio Ferrandino, che per primo la trascrisse. Si tratta di una specie di dolce molto speziato con chiodi di garofano, pepe e cannella – secondo l'uso dell'epoca – e arricchito da frutta candita come un panforte; deve il suo nome al colore scuro, che ricordava quello della pelle degli schiavi ed è detto anche panvinesco, a indicare il vino (o meglio, il mosto) con cui viene realizzato. È arrivato sino ai nostri giorni e, se ci fermiamo un attimo a riflettere, lo vediamo presente un po' in tutte le regioni italiane, magari con denominazioni diverse.

Ingredienti

- 300 g di mosto
- 150-180 g di semola di grano duro
- 50 g di mandorle spellate
- 50 g di noci
- cannella
- polvere di chiodi di garofano
- scorza di arancia candita
- sale

Procedimento

Scaldate il mosto e impastatelo con la farina; aggiungete un po' di scorza di arancia, la frutta secca grossolanamente tritata, un pizzico di sale, cannella a piacere e una puntina di polvere di chiodi di garofano. Versate il composto in una teglia unta di strutto e infornate a 200 °C per 30 minuti circa o sino a cottura.

CAZZATA ALLA LAMPA

Mi piace chiudere il capitolo dedicato alla bellissima Puglia raccontandovi una storia che racchiude in sé il vero spirito di quest'opera.

Siamo a Castrignano del Capo, verso la fine dell'Ottocento; l'unica fornaia del paese si chiama Cosima e lavora come un mulo dall'alba al tramonto. Ogni sera, prima di ripulire il forno dalle ceneri, prende un pezzo di pasta lievitata in esubero e la mette in un angoletto pulito, dove la fa cuocere col calore residuo, avendo cura però di farla restare morbida internamente. Poi riempie questo panino, la cazzata, appunto – che in dialetto significa «schiacciata» – con ricotta forte e peperoncino e lo manda giù con un bicchiere di quello rosso robusto perché, dice, le tira su *lo moralo*.

O, almeno, questo è quello che raccontano le fonti del luogo.

IN BASILICATA

Basilicata e Puglia sono legate a doppio filo e sono tante le ricette comuni: basti pensare alla cuddhura pasquale, nella versione dolce o salata. Questa è la terra del famosissimo pane di Matera, pagnotta con pasta madre e semola di grano duro, grande e crostosa, prodotto I.G.P. tutelato da un apposito consorzio. Il pane bianco, in Basilicata, era riservato nel passato solo a occasioni speciali o a persone in condizioni particolari, come le partorienti e, soprattutto, i moribondi, tant'è che è nato il detto "è arrivato al pane bianco" per indicare qualcuno in punto di morte. La ciambella è uno di questi pani, a larghissima diffusione su tutto il territorio.

Ma questa è anche la regione in cui, più che pane, si fanno tante focacce, tutte rustiche e molto condite, insaporite da miele, pepe, cipolle o peperoni. Io ne ho assaggiate diverse ai tempi dell'università, perché una mia compagna di studi veniva da Matera e, come tutti noi studenti fuori sede, arrivava da casa carica di provviste. Una delle sue nonne era bravissima in cucina; tra l'altro, essendo contadina, usava i prodotti della terra che lei stessa coltivava. Oltre a conserve e pasta fatta in casa di vario tipo, le faceva un fagottino con focacce sempre diverse, che poi noi condividevamo. Ecco qui le ricette di nonna Angela.

FOCACCIA ALLA VAMPA 17

Particolarissima, perché realizzata completamente senza lievito, con due farine diverse. E piccante...

Ingredienti

- 200 g di farina 0
- 200 g di farina di mais
- acqua bollente
- olio extravergine di oliva
- peperoncino
- sale

Procedimento

Unite le farine in una ciotola, salate e versatevi a filo l'acqua bollente, aiutandovi inizialmente con un mestolo. Lavorate sino a quando la massa non acquisterà corpo (deve comunque restare morbida). Versatela in una teglia bassa molto unta e bagnatela con un filo d'olio. Infornate a 200 °C fino a quando non sarà ben dorata e, appena uscita dal forno, cospargetela con olio, sale e abbondante peperoncino.

FOQUAZZA A BRAZZUDD 18

Questa focaccia nonna Angela la cuoceva nel forno a legna del suo casolare di campagna, ma viene niente male anche in un domestico forno elettrico. Dà il meglio di sé calda o tiepida.

Ingredienti

- 500 g di pasta da pane lievitata
- 60 g di strutto
  + un altro po' per completare
- 150 g di ciccioli di maiale
- pepe
- origano

Procedimento

Stendete la pasta lievitata in un largo rettangolo e spalmatela con lo strutto; cospargete con i ciccioli, l'origano e il pepe e arrotolate. Chiudete a mo' di ciambella e spalmate ancora con strutto; infornate a 200 °C per 30 minuti circa.

PER REALIZZARE LA PASTA DA PANE

- 300 g di farina 0
- 200 g di pasta madre molto attiva
- acqua
- sale

Procedimento

Impastate la farina con la pasta madre e l'acqua che occorre per formare una massa omogenea, liscia e morbida; aggiungete il sale verso la fine della lavorazione e ponete a lievitare in un luogo tiepido per diverse ore sino al raddoppio del volume.

Una ricetta simile si realizza unendo 500 g di pasta da pane a 150 g di ciccioli e aggiungendo un bel cucchiaio di semi di finocchio; allargate poi la massa in una teglia bassa unta di strutto e infornate a 200 °C sino a doratura.

CAVZON CH LA CVODD

19

Calzone di cipolla, ma non la classica pizza salata ripiena; in realtà è un dolce nato a Pietragalla, in provincia di Potenza, per festeggiare il Natale ed è a base di cipolle e frutta secca. Incredibilmente, a dispetto della sua peculiarità, è tuttora molto amato nella zona e immancabile sulle tavole imbandite per le festività. Non deve stupire l'accostamento cipolle-frutta, al contrario, il sapore agrodolce che ne deriva, anche in virtù del mosto, richiama alla memoria dolci di altre nazioni, anch'essi realizzati con accostamenti inconsueti.

Ingredienti

PER LA PASTA

- 400 g di farina
- 1 cucchiaio di strutto
- 1 cucchiaio di zucchero
- acqua
- sale

PER IL RIPIENO

- 6 cipolline
- 2 filetti di acciuga
- 100 g di uva passa
- 50 g di mandorle non pelate
- 50 g di fichi secchi
- 1 puntina di polvere di chiodi di garofano
- 2 cucchiai di mosto
- 2 cucchiai di Malvasia
- olio extravergine di oliva

PER COMPLETARE

- strutto
- zucchero

Procedimento

Preparate una specie di frolla, impastando la farina con un pizzico di sale, lo zucchero, lo strutto e poca acqua tiepida per ammassare il tutto; lasciate riposare e intanto preparate il ripieno. Tritate grossolanamente mandorle e fichi e spezzettate le acciughe. Pelate e fate dorare in un filo di olio le cipolline, bagnandole con poca acqua per facilitarne la cottura; versatele in una ciotola e unitevi tutti gli ingredienti indicati, mescolando bene per amalgamarli. Dividete la frolla in due parti e foderate una tortiera unta di strutto con una di esse; riempite con il composto preparato e chiudete con un coperchio di pasta. Ungete di strutto, spolverizzate di zucchero e bucherellate la superficie della torta con i rebbi di una forchetta. Infornate a 200 °C per 20 minuti circa.

IL PANE DEL LAZIO

Eccoci nel Lazio, proprio al centro dell'Italia, in una terra economicamente forte e produttrice di ottime materie prime: nocciole, olio, patate, castagne, solo per citarne qualcuna, e tutte entrano a pieno titolo nelle preparazioni di molti piatti tradizionali. La regione viene automaticamente identificata con Roma, capoluogo di provincia e sede delle stanze del potere in Italia, ma è sbagliato. Possiamo dire più correttamente che Roma fa storia a sé, è una sorta di entità che nasconde nei suoi vicoli e nelle strade maestose un passato millenario e un presente importante, a volte anche scomodo. Tutto qui è slegato dal resto del territorio e non si discute: Roma è Roma, anche a tavola. Le sue ricette sono uniche e indicative di una città regina da sempre, abituata a dominare incontrastata. E poi c'è il Lazio, con le sue piccole o medie realtà di provincia, territorialità, abbondanza di sagre nel pieno rispetto delle tradizioni. Sono tanti i comuni che organizzano feste legate ai pani di produzione propria; oltre ai più noti pane di Genzano o di Lariano, ci sono quelli speciali di altri piccoli centri sparsi qua e là. Il pane fumone si chiama così in omaggio al monte omonimo in provincia di Frosinone ed ha una forma conica; il pane falia di Priverno, invece, è una specie di focaccia che accompagna i broccoletti, altro prodotto locale. E ci sono anche il pane di Affile o le cacchiarelle di Montelibretti, in pratica pezzi di pasta lievitata buttati nel forno per verificarne la temperatura prima di cuocere le pagnotte. C'è la pizza bianca o rossa, vero fil rouge della regione Lazio, reperibile ovunque, in qualsiasi forno o pizzeria al taglio; la prima più alta e asciutta, la seconda bassa e unta.

Le ricette che identificano la Capitale non sono tantissime e sicuramente le conoscono tutti, in Italia e all'estero; molte di esse sono di tradizione ebraica e sono spesso coperte da silenzio stampa. La pizza ebraica è una di queste ricette.

PIZZA EBRAICA

20

Il Ghetto. Uno dei quartieri più antichi della città, certo il più struggente. Nel camminare su quei sampietrini disconnessi, nell'alzare lo sguardo su quei palazzi colorati, facciamo un passo indietro nella storia, per ritrovarci in un mondo in qualche modo distaccato dalla realtà, fatto di una sofferenza ancora tangibile. Gli abitanti del posto, anche quelli che non hanno vissuto gli anni che resteranno per sempre fra le piaghe dell'umanità, hanno lo sguardo un po' triste di chi si porta dentro dolore e paura; forse per questo sono così diffidenti, legano solo fra di loro e confidenza ne danno davvero poca. Pensare di poter chiedere anche solo una ricetta è un po' un'ipotesi dell'irrealtà e allora bisogna procedere per tentativi. Assaggiare i loro piatti e provare e riprovare a farli, sino a raggiungere un risultato che si avvicini il più possibile a quello originale. C'è un forno di antica memoria al Portico d'Ottavia, piccolo e con una sola vetrina ad angolo; lo conoscono tutti e molti articoli sono stati pubblicati su di esso, anche da riviste internazionali. Produce poche specialità, ciascuna accomunata da una incredibile caratteristica: l'aspetto bruciato. Tu guardi quei kranz, quelle crostate di ricotta e visciole, quei dolcetti di mandorle e pensi che siano carbonizzati e terribilmente amari. Poi dai il primo morsetto diffidente e te ne innamori per sempre. Ebbene, in questo forno fanno la pizza ebraica più buona che si possa immaginare. Si chiama così, ma pizza non è; in realtà è un dolce, una specie di pane non lievitato, ma ricco di frutta secca e canditi in modo quasi imbarazzante e per questo con un peso specifico di una certa importanza. La ricetta che vi riporto è frutto di esperimenti e tentativi reiterati, sulla base di piccole confidenze raccolte qua e là fra i residenti del quartiere.

Ingredienti

- 500 g di farina
- 125 g di zucchero
- 125 g di olio di arachidi
- vino bianco dolce (1/4 di bicchiere circa)
- 75 g di pinoli
- 75 g di mandorle non pelate
- 75 g di cedro candito
- 75 g di uva passa
- 50 g di arancia candita
- 50 g di ciliegie candite

Procedimento

Riscaldate l'olio e il vino e impastate con essi tutti gli ingredienti. Usate il vino che occorre per formare un impasto morbido. Sagomate dei grossi rettangoli e cuoceteli a 180 °C per 35-40 minuti circa.

LIBUM 21

Roma, Città Eterna. È da qui che è partito tutto; qui è nata la civiltà, la nostra storia come quella di molte altre nazioni. Tante le storie da raccontare, innumerevoli gli insegnamenti dei nostri avi, anche in cucina; sono diverse le ricette antiche che oggi sono studiate e attualizzate e il libum è una di queste. Si tratta di una specie di focaccetta, riportata nel *De agri cultura* di Marco Porcio Catone, che visse fra il 234 e il 149 a.C.; realizzata con formaggio molle e farina, veniva cotta su foglie di alloro, assumendone gusto e aroma. Si consumava durante le libagioni per le celebrazioni delle divinità; provate a riprodurla, per materializzarvi nella Roma di 2.000 anni fa.

Lavorate a crema della ricotta di pecora (circa mezzo chilo) con un uovo, sale, pepe e tanta farina quanta ne occorre per formare dei panini morbidi. Disponete delle foglie di alloro su una teglia, ungetele di olio e poggiate su di esse i panini. Infornate a 190 °C per 20 minuti circa o sino a doratura.

CASATA DI PONTECORVO 22

Eccoci qui a parlare ancora una volta di un dolce che del pane proprio non ha nulla, ma di cui è impensabile non inserire la ricetta, per una serie di ragioni. Intanto, o siete di Pontecorvo, un paesino alle porte di Roma, o proprio non l'avete mai assaggiato e tanto meno sentito nominare. E poi rischia davvero di essere dimenticato e, se ciò accadesse, sarebbe un gran peccato. Come dicevo, è un dolce che si prepara essenzialmente per le festività pasquali, ma si può avere in altri periodi dell'anno su ordinazione, anche se solo nei mesi che vanno da febbraio a maggio. Il nome deriva da *case*, «formaggio», perché questo è l'ingrediente base della preparazione: la formaggetta primo sale, un tempo di latte di capra, oggi prevalentemente di latte vaccino. Si tratta di un involucro di pasta matta con un ripieno di formaggio, uova in quantità imbarazzante, cioccolato e cedro, così liquido da necessitare di una cottura lunghissima. Se ben preparato e ben cotto, alla fine si presenterà allegramente colorato su tre strati diversi. Tutti, nel paese di Pontecorvo, preparano la casata e c'è chi mette più uova o chi abbonda con il cedro; questa ricetta a me è pervenuta con un'enorme difficoltà, perché mi sono imbattuta in un muro di protezione della tradizione. Me l'ha data Pio Longo, un mio caro amico e assistente sul lavoro, che è del posto e l'ha chiesta alla sua mamma; è stato molto divertente, perché la signora è una di quelle persone esperte in grado di cucinare a occhio, quindi il suo foglietto di appunti si presentava alquanto approssimativo, totalmente privo di grammature. Abbiamo fatto insieme tutto un lavoro di ricostruzione e ragionamenti intuitivi e siamo arrivati a questa elaborazione perfetta, che vi doniamo con il sorriso della signora Elda. Ah, vi avviso: lei abbonda con il cioccolato!

Ingredienti

PER L'INVOLUCRO
- 500 g di farina
- 2 cucchiai di zucchero
- 4 uova
- 2 cucchiai di strutto

PER COMPLETARE
- zucchero a velo

PER IL RIPIENO
- 1 kg di formaggio fresco di pecora non salato
- 1 kg di zucchero
- 40 uova
- 500 g di cioccolato fondente
- 100 g di cedro
- 1 bicchierino di liquore aromatico
- 20 g di cannella in polvere

Procedimento

Preparate la pasta per l'involucro, amalgamando tutti gli ingredienti senza usare acqua; lasciatela riposare. Intanto preparate il ripieno: tritate finemente il formaggio e sbattete in una larga ciotola le uova con lo zucchero. Unitevi il formaggio, il cioccolato e il cedro tritati finemente e aromatizzate con il liquore e la cannella. Stendete due terzi della pasta e foderate con essa un apposito tegame di alluminio dai bordi alti, imburrato e infarinato; riempitelo con il composto preparato, arrivando a due terzi, perché il ripieno si gonfia in cottura, e ricoprite con quadrati ricavati dalla pasta restante, che verranno disposti a scacchiera sulla superficie del dolce. Ripiegate i bordi verso l'interno e sigillate le sfoglie. Infornate a 200 °C per 3 ore circa, abbassando la temperatura se occorre; sformate e lasciate raffreddare il dolce prima di spolverizzarlo di zucchero a velo.

CIAMMELLE D'ACQUA 23

Ciambelle poco dolci, si consumano nei comuni fra i monti Lepini in provincia di Latina, e si chiamano così perché vengono bollite prima di essere infornate; questa doppia cottura garantisce al prodotto finito leggerezza e doratura. Non sono dimenticate, ma mi piace citarle perché identificano il territorio. Questa è la ricetta di casa della signora Maria, di Maenza.

22

23

24

25

Ingredienti

- 500 g di farina 00
- 50 g di pasta madre
- 100 g di zucchero
- 100 g di olio extravergine di oliva
- 200 g ca. di acqua
- sale

Procedimento

Impastate tutti gli ingredienti, lavorando molto a lungo per far sì che risulti una massa elastica, liscia e vellutata; fate riposare per un'ora. Ricavate dalla pasta delle porzioni tutte uguali e assottigliatele in un salsicciotto dello spessore desiderato, chiudendole ad anello. Scottate i taralli per 5 minuti, scolateli e lasciateli asciugare per tutta la notte; infornate a 200 °C per 30 minuti circa.

In alternativa alla pasta madre, potete utilizzare 18 g di lievito di birra.

PANE AL VINO E FRUTTA SECCA 24

Questo pane, dal sapore dolciastro, si sposa bene con i formaggi teneri, ma è ottimo anche insieme a una tazza di tè, magari spalmato con un velo di miele.

Me lo ha fatto conoscere Daniela Masina, amica del cuore e stimata collega; mi ha raccontato che lo faceva ogni anno la sua cara zia Marcella nei giorni successivi al Natale, per smaltire le scorte di frutta secca. Lei oggi continua la tradizione di famiglia e, nel preparare questa antica ricetta, riempie la sua casa di campagna di odori dolci e speziati che le ricordano i momenti belli della sua vita.

Ingredienti

- 500 g di farina 0
- 130 g di fichi secchi
- 100 g di uva passa
- 100 g di gherigli di noce
- 200 g di vino rosso
- 100 g di acqua
- 10 g di lievito di birra
- 2 cucchiai di olio extravergine di oliva
- 1 cucchiaino di zucchero
- 1 cucchiaino di sale

Procedimento

Mettete i fichi secchi a bagno nel vino, aggiungete l'acqua intiepidita e lasciate riposare per un'ora. Trascorsi 30 minuti, mettete a bagno in acqua fresca, a parte, anche l'uva passa.

Una volta trascorso il tempo di ammollo, scolate i fichi e tagliateli a pezzetti, conservando il liquido. Scolate e strizzate l'uva passa, gettando via il liquido, e aggiungetela ai fichi.

Impastate la farina con il lievito sbriciolato, il liquido dei fichi, l'olio, lo zucchero e il sale, aggiungendo se serve 1-2 cucchiai di acqua tiepida, per ottenere un impasto morbido. Incorporate delicatamente all'impasto i fichi secchi, l'uva passa e i gherigli di noce, lavorando in modo da distribuirli uniformemente. Formate un grosso salsicciotto e disponetelo in uno stampo antiaderente ad anello del diametro di circa 20 centimetri. Coprite e lasciate lievitare per 3-4 ore, finché l'impasto non avrà raddoppiato il suo volume. Cuocete il pane in forno preriscaldato a 190 °C per 50 minuti, sformate subito e lasciate raffreddare su una gratella.

CIRIOLA 25

Di antica tradizione romana, pare che debba il suo nome a un'anguilla di piccole dimensioni, che un tempo viveva nelle acque del Tevere. Si tratta di un panino di forma allungata e piccola pezzatura – intorno ai 100 g – denso e ricco di mollica, che nel passato faceva pasto a sé, ben imbottito di qualsiasi ingrediente, come una sorta di contenitore; poi, con gli anni, è stato soppiantato dalla rosetta romana, detta invece bignè o rosetta soffiata, in quanto gonfia e vuota internamente.

Ingredienti

PER LA BIGA
- 500 g di farina
- 5 g di lievito di birra
- 450 g di acqua

PER L'IMPASTO
- 1 kg di farina
- 600 g di circa acqua
- 30 g di lievito
- 10 g di malto, 30 g di sale

Procedimento

Preparate la biga impastando tutti gli ingredienti e fatela riposare per 18 ore circa; unitela all'impasto preparato con gli ingredienti indicati, aggiungendo il sale solo alla fine. Fate riposare per circa un'ora; suddividete l'impasto in porzioni di 100 g di ciascuna e sagomatele a cilindro. Stendete ogni cilindro in una striscia e avvolgetela su se stessa; affusolate le estremità dei panini, poggiateli su una teglia con la parte di chiusura sul fondo e fateli lievitare ancora per un'ora. Incideteli longitudinalmente con una lametta e infornateli a 240 °C per 15-20 minuti, possibilmente con la funzione vapore o avendo cura di spruzzare acqua a inizio e metà cottura.

PUPAZZA FRASCATANA 26

La pupazza non è affatto sulla via del dimenticatoio; al contrario, se vi fate un giro per le vie della graziosa Frascati alle porte di Roma, la troverete un po' in tutte le pasticcerie del paese. Ma solo lì, perché al di fuori di quel territorio non la conosce praticamente nessuno. Si tratta di un biscottone impastato con il miele e sagomato con le forme di una donnina con tre seni; secondo la leggenda, essa raffigura una balia, che teneva tranquilli i bambini più irrequieti dando loro da bere il vino dei Castelli Romani. I tre seni alludono proprio a questa sua risorsa inaspettata: due per il latte e uno per il vino. Questa ricetta mi arriva direttamente da Frascati, dove vive uno dei miei amici del cuore, Valerio Castelli, che mi ha raccontato di pomeriggi passati ad aiutare Carla, sua mamma, nella realizzazione delle pupazze: un ricordo al quale è particolarmente legato e che lo riporta indietro nel tempo ai giorni della sua infanzia felice. In nome della nostra amicizia, mi hanno confezionato e regalato le bellissime pupazze che vedete in fotografia.

Ingredienti

- 1 kg di farina
- la scorza di 1 arancia non trattata grattugiata
- 1 cucchiaino di cannella in polvere
- 1 cucchiaino scarso di lievito per dolci
- 1 kg di miele
- 1 bicchiere di olio extravergine di oliva
- decorazioni varie per guarnire i biscotti

Procedimento

Fate sciogliere il miele finché non sarà liquido, poi toglietelo dal fuoco e lasciatelo intiepidire. Sul piano di lavoro mettete la farina a fontana, al centro versate il miele tiepido, l'olio, la scorza d'arancia finemente grattugiata, la cannella e il lievito. Impastate velocemente prima che il miele riacquisti la consistenza, aiutandovi se necessario con altra farina e olio versato sul piano di lavoro. Infine stendete con il matterello la pasta a uno spessore di 5 cm e ritagliate ballerine e omini con un apposito tagliabiscotti. Decorate la vestina con disegni o confettini colorati, con dei chicchi di orzo formate gli occhietti e la bocca, con dei confettini d'argento formate la collana o un braccialetto. Con un po' di pasta modellate tre seni e, al di sotto di essi, formate una striscia spessa per racchiuderli. Guarnite a fantasia anche i biscotti a forma di omino; infine spennellate i biscotti con il latte e infornate a 180 °C per 20 minuti o finché non risulteranno dorati.

IL PANE DELLA CAMPANIA

Come ho già detto in apertura, questo libro è un viaggio, è il viaggio del mio cuore, quello che mi ha riportato ai luoghi cui sono particolarmente legata da affetto, amicizia, simpatia. E dunque non poteva non farmi arrivare a Napoli; io, se chiudo gli occhi, penso a questa meravigliosa città come a uno straordinario caos colorato, pura essenza di vita. E poi sento fortissimo il richiamo delle mie radici familiari. La mia nonna materna, Maria, era di qui e questo spiega perché io sia così fortemente attratta da Napoli, dalla sua gente, dal suo dialetto; i napoletani hanno tutto: sono simpatici, estroversi, filosofi di una vita a volte un po' difficile. Sanno prendere ogni cosa per il verso giusto, sanno godersi le piccole cose della quotidianità. Ma c'è anche un'altra ragione che periodicamente mi riporta a ritrovare pezzetti del mio DNA sparsi per i vicoli della città vecchia: a Napoli si mangia bene! Anzi, voglio essere giusta... in tutta la Campania si mangia benissimo. Penso di averlo già precisato in precedenza, in Italia – da un estremo all'altro – c'è un entusiasmo travolgente verso il cibo, inteso come nutrimento dell'anima, ma qui mi sembra che sia moltiplicato all'ennesima potenza. È tutto buono, tutto saporito, tutto colorato. Prendete la pizza, per esempio: ma non vi sembra un tripudio di colori? E questo ci porta a parlare dell'abbondanza dei prodotti da forno in generale nell'intera regione; l'uso del grano è da sempre capillare su tutto il territorio e dà luogo anche a taralli e panzerotti, torte rustiche e focacce di vario genere. Per approfondire le mie conoscenze, me ne sono andata in giro per i piccoli centri della regione, dove ho scoperto microrealtà entusiasmanti, fatte di tradizioni e materie prime semplicissime; è stata la scusa per visitare posti bellissimi e respirare culture antiche, come nel caso di Montecalvo Irpino. È un paese in provincia di Avellino, in cui si realizza tradizionalmente un pane noto in tutta la regione per le sue peculiarità. È un semplicissimo pane di grano duro, del tipo Saragolla, un ceppo antichissimo rimesso a coltura, molto simile al Senatore Cappelli. Le caratteristiche di questo grano si leggono nel prodotto finito sotto forma di crosta croccante e mollica di colore giallo paglierino. Il lievito usato per il pane di Montecalvo è rigorosamente quello naturale e si chiama "crescente"; la lavorazione avviene esclusivamente a mano, con olio di gomito e pugni chiusi, in modo da attivare la crescita della massa. Lievitazione al raddoppio, pezzatura, nuova lievitazione, cottura in forno a legna – previa incisione a croce sulla superficie – et voilà, un pane semplice che sa di antico, che si gusta da solo o con un filo di olio extravergine.

Sono queste le realtà buone della nostra Italia, quelle che non dobbiamo scordare mai. Inizio a raccontarvi della Campania partendo proprio dalle mie radici, dunque dalla meravigliosa Napoli.

TORTANO DI NONNA MARIA 27

C'era una volta una bellissima donna napoletana, occhi azzurri e capelli neri su un incarnato delicato; si chiamava Maria e nei primi anni del Novecento andò in sposa a un medico salentino, Luigi, anche lui niente male davvero. Lei era una donna estremamente pratica, come tutte le sue conterranee, e il suo motto era "semplifichiamo"; cucinava bene, improvvisando molto, piatti semplici e creativi sulla base di ciò che di volta in volta aveva a disposizione. Famosi in famiglia i suoi spaghetti sciuè sciuè, mai uguali a se stessi. Fra i suoi pezzi forti c'era una specie di tortano, un ciambellone lievitato che lei faceva a modo suo, secondo la ricetta che, durante la Seconda guerra mondiale, le aveva donato una sua amica siciliana, moglie di un ufficiale al fronte. Ancora adesso le sue discendenti lo preparano con amore; LovelyCheffa è una delle sue nipoti, innamorata di Napoli e del suo spirito, e quello che segue, veloce veloce – come diceva nonna Maria – è il mio dono per voi.

Ingredienti

- 500 g di farina
- 50 g di pasta madre rinfrescata
- 1 cucchiaino di zucchero
- 2 cucchiaini di sale
- 25 g di burro
- acqua
- 200 g ca. di latte
- 1 uovo

PER COMPLETARE
- 25 g di strutto
- 50 g di grana grattugiato
- 30 g di pecorino grattugiato
- 50 g di salame napoletano
- 50 g di ciccioli
- 50 g di prosciutto
- 100 g di formaggio emmental o fontina
- 2 uova sode

Procedimento

Lavorate la farina con la pasta madre; unitevi burro, zucchero, sale, l'uovo sbattuto e impastate con il latte intiepidito e acqua nella misura richiesta dalla massa. Fate lievitare sino al raddoppio del volume. Stendete la pasta in un largo rettangolo e spalmatela con lo strutto; cospargetela con i formaggi grattugiati, i salumi e l'emmental a dadini, i ciccioli, le uova sbucciate e tagliate in spicchi. Arrotolate strettamente e disponete il salamotto così ottenuto in uno stampo a ciambella unto di strutto; lasciatelo crescere ancora sino al bordo e infornatelo a 170 °C per 30 minuti circa.

Naturalmente, il sapore finale di questa briosciona sarà esaltato dall'uso della pasta madre; se non l'avete, sostituitela con 20 g di lievito di birra. Ne risulterà un prodotto altrettanto valido.

PANE DEL PESCATORE 28

Una premessa. Una ricetta molto simile a questa l'ho incontrata sul mio cammino anche in Liguria e in Toscana; mi sono finanche imbattuta in una versione di biscotti con lo stesso nome, ricchi di uva passa e pinoli, che – essendo asciutti e poco deperibili – pare che accompagnassero gli uomini di mare nelle loro lunghe traversate. Ma quello di cui vi racconto oggi è un pane a tutti gli effetti, *u pani ri pescatori*, originario delle coste del Cilento, in particolar modo della cittadina di Sapri; realizzato con pasta madre, olive e alici secche, si manteneva a lungo proprio per via degli ingredienti usati. Non è facile reperirlo e certo non al di fuori del suo territorio; tra l'altro, la ricetta è secretata ed è protetta della Condotta Slow Food; io ho mangiato il pane e ho provato a tirare fuori delle indicazioni del tutto personali per voi, sulla base di quello che ho carpito e di quanto assaporato. Questa che vi riporto non è la ricetta ufficiale sancita dalla Condotta, ma è altrettanto valida.

Ingredienti

- 300 g di semola rimacinata di grano duro
- 200 g di farina 0
- 50 g di pasta madre attiva
- 8 g di sale
- acqua

PER FARCIRE
- 50 g di alici sotto sale
- 100 g di olive verdi e nere

Procedimento

Impastate le farine con la pasta madre e acqua sufficiente per arrivare a ottenere una massa morbida, che non si attacchi al piano di lavoro; incorporate il sale alla fine, lavorate ancora e lasciate riposare sino al raddoppio del volume. Lavate e asciugate le alici, spezzettatele e tritate grossolanamente anche le olive, dopo averle denocciolate. Stendete delicatamente la pasta con le mani e incorporatevi il condimento; lavorate la massa, suddividetela in tre pagnotte e disponetele su una teglia infarinata. Fate crescere ancora per un'ora. Infornate a 250 °C per i primi 8-10 minuti, in modo da formare la crosta esterna, poi riducete la temperatura a 190 °C e continuate la cottura per altri 10 minuti circa, in base alle caratteristiche del vostro forno.

Se volete, potete sostituire la pasta madre con 15 g di lievito di birra.

PUCCELLATE

29

Puccellate o puccellato: storpiatura di buccellato, che identifica un prodotto da forno di origini premedievali, in versione sia dolce che salata. In realtà, viene prodotto in diversi comuni, ma pare sia nato a Fregneto l'Abate, in provincia di Benevento, dove peraltro è immancabile nel periodo pasquale. E poi, ancora una volta, ci troviamo in presenza di un prodotto che, con lo stesso nome e minime differenze, viene realizzato in Sicilia come in Toscana, dunque da un capo all'altro della nostra Penisola. La base per le due versioni campane di cui parlavamo, comunque, è comune, in pratica una sorta di treccia briosciata ricca di burro e uova, arricchita da sugna e pepe nella tipologia salata, a ricordare il tortano, e di cedro e uva passa in quella dolce. Io vi do la ricetta di quella dolce.

Ingredienti

- 500 g di farina
- 100 g di pasta madre attiva
- 4 uova
- 100 g di zucchero
- 50 g di burro
- 50 g di strutto
- liquore Strega
- bacca di vaniglia
- 100 g di cedro
- 100 g di uva passa

Procedimento

Lavorate lungamente la farina con la pasta madre, lo zucchero, i grassi e le uova, sbattute e incorporate poco per volta; il composto, dapprima appiccicoso, diverrà successivamente liscio e omogeneo, senza aggiunta di farina. Impastate con qualche cucchiaiata di liquore Strega e aromatizzate con i semi della bacca di vaniglia. Lasciate riposare l'impasto sino al raddoppio del volume, quindi sgonfiatelo delicatamente e incorporatevi la frutta candita. Formate un grosso ciambellone e ponetelo a lievitare su una teglia infarinata; infornate a 190 °C per 25-30 minuti. Per un risultato ancora migliore, cuocetelo in un forno a legna.

Si può sostituire la pasta madre con 20 g di lievito di birra.

PARRUOZZO 30

Con il parruozzo, storpiatura di "pane rozzo", ci ritroviamo a fronteggiare un pane campano di piccole dimensioni, di circa 500 g. Il nome è dovuto alla farina di mais con cui viene realizzato, una farina grezza, inusitata per una regione in cui, lo abbiamo già detto, si usano farine di grano pulite. È davvero a rischio dimenticatoio, tanto più che a volte viene erroneamente identificato con il panuozzo, una specie di panino-pizza nato in anni relativamente recenti.

Ingredienti

- 500 g di farina di mais
- 100 g di pasta madre rinfrescata e attiva
- 12 g di sale
- acqua

Procedimento

Lavorate lungamente la farina con la pasta madre e l'acqua che occorre per idratare e formare una massa morbida ma consistente; salate, impastate ancora e lasciate riposare al caldo sino al raddoppio del volume. Suddividete la pasta in porzioni di uguale misura e buttatele per qualche minuto in acqua bollente, come si fa per i taralli; scolatele e mettetele nuovamente a lievitare. Cuocetele infine in forno a legna sino a doratura o, in mancanza di questo, infornate a 200 °C per 20 minuti o più, in relazione alla grandezza delle forme.

Se volete, potete sostituire la pasta madre con 18 g di lievito di birra.

RORMIENTI

31

Sono una sorta di panettone a lievitazione naturale e ci arrivano dritti dritti dalla provincia di Benevento, precisamente da una località che si chiama San Nazzaro. Lì vive la mamma di Stefania Roberto, mia carissima amica. Sotto le feste di Natale la signora Mafalda prepara sempre i rormienti, che devono il loro nome al fatto che anticamente venivano messi in prima lievitazione sotto le coperte per lunghe ore: i «dormienti», appunto.

Ingredienti

- 1 kg di farina
- 300 g di pasta madre attiva
- 250 g di strutto
- 250 g di zucchero
- 10 uova

PER FARCIRE

- uva passa
- gocce di cioccolato
- canditi

Procedimento

Preparate un impasto con gli ingredienti indicati e lasciatelo lievitare al caldo finché non triplicherà il suo volume; occorreranno moltissime ore. Sporzionatelo nelle grandezze desiderate e incorporate in ciascuna brioche la farcitura desiderata; ponete i rormienti entro gli stampi per panettone e fateli ancora lievitare. Cuoceteli nel forno a legna, coperti con carta da forno, scoprendoli solo negli ultimi 5 minuti per far loro prendere colore; in alternativa, cuoceteli nel forno elettrico a 170 °C per 30-40 minuti, a seconda della pezzatura.

IL PANE DELLE MARCHE

Marche e Lazio sono legate a doppio filo dai confini territoriali, attraverso i quali si è verificata la trasmigazione di alimenti tipici da una regione all'altra. Un esempio fra tutti è il maritozzo: che sia nato a Roma – dove resta tutt'ora un esempio di colazione classica – è cosa nota e indiscussa, ma ciò che non tutti sanno è che esiste il maritozzo marchigiano; matrice comune è un impasto "simil brioche", ma caratterizzato dalla variante degli aromi, per l'esattezza anice e mosto. Nello studiare il materiale per la realizzazione di questa mia opera, mi sono resa conto che il territorio marchigiano esprime un profondo interesse nei confronti della panificazione e mi sono imbattuta in numerosi i tipi di pane e derivati, sia semplici, a base di sole acqua e farina, sia esaltati da vari componenti. Ho recuperato tante ricette in via di estinzione, tramandate oralmente o oramai circoscritte solo a piccole realtà locali; tanto apprezzamento nei confronti dell'arte bianca trova la sua massima espressione già nella definizione di "Città del pane" attribuita a Cantiano, da cui ci arriva questa antica ricetta a base di farina di mais.

UNGARUCCI 32

Ingredienti

- 500 g di farina di mais
- 50 g di pasta madre
- 50 g di zucchero
- 1 cucchiaio di semi di anice
- 50 g di uva passa
- acqua
- sale

Procedimento

Impastate la farina con la pasta madre, lo zucchero e tanta acqua quanta ne occorre per formare un composto morbido, il più possibile omogeneo, tenendo conto del tipo di farina utilizzata; incorporate il sale, i semi di anice e l'uva passa e ponete a lievitare in un luogo tiepido. Sporzionate la massa in parti di uguale misura e sagomate dei filoncini lunghi una ventina di centimetri; fateli ancora raddoppiare di volume, quindi infornateli a 200 °C per 20 minuti circa. Sarebbe preferibile cuocerli nel forno a legna.

Se volete, potete sostituire la pasta madre con 13 g di lievito di birra.

32

33

34

35

BICCUTTELLE DI NONNA BICE

33

Immaginate una piccola signora minuta avanti negli anni, ma sempre in movimento e attiva. Cucina molto bene, piatti semplici legati alla sua terra e alla sua storia; come tutte le marchigiane, prepara ottimi crostoli e crescie più o meno sfogliate e ha fra le sue carte vincenti una ricetta sconosciuta ai più, le biccuttelle, «biscottelli», una sorta di fette biscottate molto caserecce, con una percentuale di farina di mais.

Ingredienti

· 300 g di farina di mais
· 200 g di farina 0
· 100 g di pasta madre
· sale

Procedimento

Impastate le farine con la pasta madre, acqua e sale e lasciate riposare sino al raddoppio del volume, poi sgonfiate la massa, lavoratela ancora brevemente e sagomatela a filone. Fate ancora lievitare e cuocete nel forno a legna o, in alternativa, in quello elettrico a 220 °C per 20 minuti circa. Tagliate il pane in fette non troppo sottili e fatele biscottare in forno a 100 °C per una ventina di minuti, girandole a metà cottura, in modo che si asciughino bene.

Se volete potete sostituire la pasta madre con 10 g di lievito di birra.

BRUSCHIATA 34

Molto simile, per le farine, alle due ricette precedenti, la bruschiata è originaria del territorio di Ancona e ricorda molto il crostolo, per lavorazione e consumo. Data la presenza della farina di mais, è più rustica e grezza e si accompagna a salumi o verdure ripassate in padella.

Ingredienti

- 300 g di farina di mais
- 200 g di farina 0
- sale

Procedimento

Lavorate in ciotola le due farine con acqua tiepida e sale e formate un composto morbido; stendetelo in dischi di uguale misura e cuoceteli su una piastra arroventata, come le piade.

CROSTOLO DI URBANIA 35

Lo conoscono tutti come un impasto a base di farina e strutto; questo di cui vi parlo ora è più grezzo e antico, realizzato con gli avanzi di polenta.

Procedimento

La ricetta è molto semplice. Impastate la polenta avanzata dal giorno prima con tanta farina quanta ne viene assorbita e con del sale, senza aggiungere acqua; non c'è una dose esatta, le quantità variano a seconda dell'umidità della polenta stessa. Dividete la pasta ottenuta in parti uguali e stendete ciascuna parte in un tondo con il matterello; grigliate ciascun crostolo su un testo, punzecchiatelo con la forchetta e giratelo più volte. A metà cottura ungetelo con un po' d'olio da un lato e dall'altro e finite di cuocere. Si accompagna a salumi.

Questa versione è molto più leggera di quella sfogliata, a base di uova e strutto.

CRESCIA SOTTO LA CENERE 36

Nella Valle del Metauro, che prende il nome dal fiume, c'è un comune, Fermignano, tagliato in due dalle acque. Nel paese si mangia, spesso in sostituzione del pane, una crescia particolare, cotta sotto la cenere.

Ingredienti

- 500 g di farina
- 3 uova
- 150 g di strutto
- 100 g di grana grattugiato
- sale
- pepe

Procedimento

Lavorate tutti gli ingredienti indicati, usando pochissima acqua; suddividete la pasta in più porzioni e allargate ciascuna di esse in un disco. Cuocete la crescia nel camino; appena inizia a crescere, copritela con un po' di cenere calda e finite di cuocere.

BECCUTA 37

Un dolce poverissimo delle campagne, originario di epoche in cui ci si accontentava di poco.

Ingredienti

- 300 g di farina di mais
- 200 g di farina 0
- 100 g di pasta madre attiva
- 50 g di zucchero
- sale
- uva fresca

Procedimento

Impastate le farine con la pasta madre, lo zucchero, un pizzico di sale e l'acqua che serve per formare una pasta liscia; fatela lievitare al caldo sino al raddoppio del volume. Formate delle ciambelle e inserite dei chicchi di uva, premendoli sulla superficie dell'impasto; lasciate ancora riposare per un paio d'ore, quindi cuocete nel forno a legna o infornate a 180 °C per 20 minuti circa.

In alternativa alla pasta madre, potete usare 15 g di lievito di birra.

IL PANE DELLA SARDEGNA

Quando ho iniziato il lavoro di ricerca per la Sardegna, non pensavo di imbattermi in tanti tipi di pani tradizionali, legati a feste, ricorrenze, territorialità; perché tutti conosciamo il pane frattau o il carasau e forse tutti erroneamente – come accadeva per me prima di documentarmi – pensiamo che siano questi e pochi altri ancora quelli in uso nell'Isola.

Invece di pani c'è un'ampia scelta e devo dire che nessuno di essi è dimenticato o in via di estinzione; tutta la gamma di pani cerimoniali – realizzati per battesimi o festività da calendario – è tutt'ora in uso e gli abitanti dell'Isola sono fortemente orgogliosi delle loro abitudini. Per questo motivo, selezionare quelli da presentarvi è stato estremamente complesso.

Partiamo dal racconto di un prodotto incredibile, che praticamente non esiste più, per dipanare il filo della memoria storica fino alle nostre tavole.

PANE DI GHIANDE

Avete mai sentito parlare del pane di ghiande? Io no, non lo conoscevo, eppure mi sono imbattuta in esso più volte nel mio viaggio; l'ho trovato in Toscana, nelle Marche e anche qui in Sardegna. Penso che siano pochi quelli che lo hanno assaggiato, e non c'è da stupirsene. Le ghiande, si sa, sono usate per l'alimentazione degli animali, dei maiali in particolar modo, e in condizioni normali non sono consumate dagli uomini; in tempi di guerra invece, di carestia, di povertà estrema, di mancanza dei generi di prima necessità, ci si è dovuti adattare e trovare dei sostituti della farina. Da qui la necessità di lavorare pani con basi alternative, quelle reperibili in natura con più facilità, per realizzare prodotti che dell'originale avessero un ricordo, dessero un'idea. Infatti non possiamo parlare di pane nel senso stretto della parola: ciò che ne viene fuori ha un sapore per niente neutro, colore scurissimo e consistenza poco omogenea. Oltretutto, presuppone un processo lungo e laborioso.

Le ghiande venivano cercate nei boschi e sgusciate, poi inserite in un sacco di pelle di capra e battute a lungo per privarle della pellicina esterna; si mescolavano con dell'argilla, per sopperire alla mancanza di glutine, e si lessavano per molte ore, aggiungendo anche ceneri durante la cottura, al fine di privarle della parte amara del tannino. Ne risultavano delle specie di tavolette scure e dure, che solo con molta fantasia potevano essere assimilate al pane; si capisce dunque quanto questo prodotto appartenga a una storia e a un passato da lasciare sotto le ceneri. Troppa fame, troppa miseria.

PANE DI RICOTTA 38

In piena contrapposizione a quello di cui abbiamo appena parlato, il pane di ricotta è delicato e lievemente aromatico, grazie alla presenza di zafferano e menta; inoltre è soffice, per via del latticino incorporato nel suo impasto.

Ingredienti

- 500 g di semola
- 200 g di farina 0
- 75 g di pasta madre ben attiva
- 500 g di ricotta di pecora
- 12 g di sale
- 250-300 g ca. di acqua

PER CONDIRE
- zafferano
- menta

Procedimento

Impastate la farina e la semola con la pasta madre; incorporate la ricotta e il sale e fate assorbire, quindi impastate con l'acqua che occorre per ottenere una pasta consistente. Lasciatela lievitare sino al raddoppio del volume, sgonfiatela e, se volete, incorporate foglie di menta fresca spezzettate o zafferano; date le forme desiderate e infornate a 200 °C per 20-30 minuti, a seconda della pezzatura.

Se volete, potete usare 12 g di lievito di birra, in sostituzione della pasta madre.

PANI CUN GERDA

39

Sapete cosa significa *gerda*? «Ciccioli». Sono i ciccioli del maiale, soffritti per sciogliere la parte grassa e uniti all'impasto di semola al fine di insaporirlo.

Ingredienti

- 300 g di semola rimacinata
- 100 g di pasta madre ben attiva
- 200 g di farina 0
- 50 g di strutto
- 10 g di sale
- 300 g ca. di acqua
- 200 g di gerda (ciccioli)

Procedimento

Lavorate tutti gli ingredienti, esclusi i ciccioli, e lasciate lievitare la pasta sino al raddoppio del volume; incorporate i ciccioli appena saltati in una padella antiaderente senza aggiunta di grassi e formate i panini della grandezza desiderata. Rotolateli nella semola e poggiateli su una teglia; lasciateli ancora crescere e cuoceteli nel forno a legna sino a doratura; in alternativa, passateli nel forno elettrico a 200 °C per 20 minuti circa.

Se volete, potete sostituire la pasta madre con 13 g di lievito di birra.

PANE DI SABA

40

Ancora una volta ci troviamo davanti a una ricetta che vede come ingrediente base la saba, il mosto cotto, la cui funzione è multipla: insaporire, colorire, favorire la fermentazione. Il pane di saba è definito anche pane dei poveri, ma quando leggerete la ricetta vi renderete conto che, al contrario, è un pane di lusso, data la presenza di una quantità consistente di frutta secca. È comunque un pane molto antico, che nell'arco del tempo ha subito diverse varianti, ora si prepara anche con lievito di birra e, in alcune versioni, anche con lievito chimico. Ma, in quest'ultimo caso, esso è assimilabile più che altro a una torta.

Ingredienti

- 500 g di semola di grano duro
- 1 bicchiere di saba
- 100 g di pasta madre ben attiva
- 100 g di noci
- 100 g di nocciole
- 50 g di pinoli

· 200 g di uva passa
· la scorza grattugiata di 1/2 arancia non trattata
· 1 cucchiaino di anice in polvere
· 1 cucchiaino di cannella in polvere
· 1 puntina di polvere di chiodi di garofano

PER COMPLETARE
· mandorle spellate
· saba

Procedimento

Lavorate la farina con la pasta madre e amalgamate con la saba tiepida; tritate grossolanamente la frutta secca e incorporatela alla massa insieme ad anice e cannella, alla scorza di arancia, all'uva passa e all'acqua che occorre. Lasciate lievitare la massa per tutto il tempo necessario, che sarà lungo, poiché si tratta di un impasto molto pesante. Date le forme ai panini, a ciambellina o a cuore, decorateli con le mandorle e fateli ancora raddoppiare di volume; cuocete nel forno a legna sino a doratura o nel forno elettrico a 200 °C per 20 minuti circa. Appena escono dal forno, spennellateli con saba tiepida.

BISCOTTOS DE ENTU [BISCOTTI DI VENTO]

Ecco una ricetta fuori dagli schemi, che ho voluto inserire nonostante non sia un lievitato, ma un biscottino leggero leggero privo di farina, realizzato solo con uova montate con una grossa quantità di zucchero. In pratica, una specie di zabaione sodissimo, che poi viene porzionato su placche unte e infornato e che di conseguenza si trasforma in tegoline leggerissime come il vento, da cui il nome, appunto. La leggenda ne data le origini alla fine dell'Ottocento e ci porta nel comune di Benetutti, dove i biscotti di vento arrivarono, pare, insieme a un parroco; per realizzarli, occorre lavorare a lungo 40 uova intere con un chilo e mezzo di zucchero, poi deporre cucchiaiate di composto su una teglia imburrata e infarinata e infornare a 170 °C per una quindicina di minuti. Una ricetta simile a questa si trova anche a Galatina, in provincia di Lecce, dunque in Puglia. Essa però prevede che si montino solo i tuorli con lo zucchero e che poi la massa così ottenuta, soffice e bianca, sia deposta a piccole cucchiaiate entro pirottini di carta oleata dalla forma oblunga e infornati a temperatura media. Nascono così le dita degli apostoli o africani. Nonostante l'approssimazione della ricetta, non potevo non parlarvi dei biscotti di vento, perché sono davvero molto particolari e sono stati recentemente valorizzati anche attraverso la letteratura.

PANI BUDDITU

41

Pane bollito: un procedimento del passato per un pane semplice a base di sola farina e lievito, che accompagnava i pani nuziali. La bollitura fa sì che la superficie del pane risulti lucidissima, come quella delle scaldatelle, i tarallini pugliesi che, infatti, si cuociono con lo stesso procedimento.

Ingredienti

- 500 g di farina 0
- 100 g di pasta madre ben attiva
- 12 g di sale

Procedimento

Impastate la farina con la pasta madre e l'acqua necessaria per formare una pasta morbida ma non appiccicosa; incorporate il sale alla fine e lavorate a lungo; fate lievitare sino al raddoppio del volume. Sagomate i pani nelle forme desiderate (a cuore o treccine o ghirlande) e ricopritene la superficie con decori minuscoli di foglie e fiori; immergeteli per pochi minuti in acqua bollente. Tirateli su con la schiumarola e poggiateli su una teglia ben spolverizzata di semola, per evitare che si attacchino. Cuoceteli nel forno a legna o infornateli a 200 °C per 30 minuti circa, a seconda della pezzatura.

Se volete potete sostituire la pasta madre con 12 g di lievito di birra.

IL PANE DELLA LOMBARDIA

Benvenuti in Lombardia, una regione molto complessa dal punto di vista delle tradizioni agroalimentari. L'ho girata un bel po', complici anche i legami di amicizia che mi hanno supportato nella ricerca e nel reperimento di tradizioni antiche; i miei contatti mi hanno raccontato di piatti davvero particolari, a volte patrimonio esclusivo di territori celati e dedicati a stomaci un po' forti. È il caso del borsat, una pietanza a base di sola carne di pecora, cotta nel camino all'interno della pancia dello stesso animale, quasi come in una borsa. Restando nella stessa zona, cioè la Valtellina, e restando sul filo conduttore di questo nostro cammino, potrei parlarvi del pan da cool, il pane al colostro, impastato con il primo latte della mucca; ne risultano dei filoncini dorati e morbidi, dal sapore un po' dolce tipico di questo ingrediente così particolare. E non posso non menzionare il pan da carcent, che si era completamente smarrito nei meandri del tempo ed è stato riscoperto di recente grazie al recupero delle pasole, piccole rape d'alta montagna che crescono oltre i duemila metri d'altezza e che sono state riportate in vita da oculate politiche agricole.

E benvenuti a Milano. È da questa città che ho iniziato a esplorare il panorama della panificazione regionale, e non poteva essere diversamente. Da qui tutti transitiamo per lavoro prima o poi e tutti ne conosciamo le specialità – leggi panettone – ma mi piace aprire la rassegna dei pani lombardi con qualcosa di certamente sconosciuto ai più. Una ricetta simpatica, che mette allegria per la sua storia e che tanto identifica Milano da essere stata selezionata per rappresentarla a Expo 2015. Ascoltate.

PANE TRAMVAI

42

Alla fine dell'Ottocento comparvero a Milano i primi tram, usati da tutti gli operai che si spostavano per lavoro. Negli stessi anni fu sviluppata la ricetta di questo pane, con uno scopo definito: sfamare i passeggeri del tram, che non superava i 15 km all'ora e quindi ci metteva una vita a coprire qualsiasi distanza, seppur minima. Detto panettone dei poveri, perché arricchito da uva passa su una base compatta di farina e pasta madre, veniva addirittura dato come resto quando si acquistavano i biglietti del tram. Oggi non esiste una ricetta unica di questo pane, ne ho assaggiate diverse interpretazioni e questa che vi riporto più di tutte incontra il mio gusto personale.

Ingredienti

- 500 g di farina 00
- 50 g di pasta madre attiva
- 100 g di zucchero
- 120 g di latte
- 120 g ca. di acqua
- 12 g di sale
- la scorza grattugiata di 1 limone non trattato
- 1 cucchiaino di miele
- 200 g di uva passa

Procedimento

Lavorate la farina con la pasta madre, ammorbidendo con un po' di latte; incorporate lo zucchero e il miele, un po' di scorza grattugiata di limone e il resto del latte. Continuate a impastare con l'acqua che occorre per ottenere una massa liscia e compatta e incorporate il sale. Lasciate lievitare per diverse ore, sino al raddoppio del volume; sgonfiate la pasta e aggiungetevi l'uva passa; dividetela in due o quattro parti e formate dei filoncini. Allineateli su una teglia infarinata e fateli crescere ancora. Infornate a 200 °C per 20 minuti o più, secondo la loro grandezza.

Se volete, potete sostituire la pasta madre con 10 g di lievito di birra.

SPONGADA CAMUNA 43

Ci troviamo davanti a un buonissimo dolce della Val Camonica, in provincia di Brescia, una gialla brioche che nel passato veniva preparata specialmente nel periodo pasquale per gli ammalati; purtroppo non sono stata in grado di trovarne una ricetta univoca, perché effettivamente manca. E manca perché ogni famiglia ne possiede una propria, tant'è che nel mese di aprile a Breno si svolge la festa della Spongada, in cui ci si sfida per eleggere la migliore preparazione.

Ingredienti

- 500 g di farina
- 50 g di pasta madre
- 150 g di zucchero
- 100 g di burro
- 4 tuorli
- 150-200 g ca. di latte
- 6 g di sale

Procedimento

Impastate la farina con la pasta madre, stemperando con un po' di latte; incorporate lo zucchero, i tuorli e il burro fuso e successivamente il sale e altro latte, fino a formare una massa morbida e omogenea, liscia e vellutata. Fate lievitare per molte ore in un luogo tiepido, sino al raddoppio del volume; sporzionate la pasta equamente e sagomate i panini. Allineateli su una teglia coperta di carta forno e fateli ancora crescere; infornate a 200 °C per 20 minuti circa.

In alternativa al lievito madre, potete usare 10 g di lievito di birra.

BRASCHIN

44

La suocera di Laura, una mia assistente, è originaria della zona del Lago di Como e in cucina se la cava decisamente bene. Mi ha fatto conoscere una focaccia della sua area di provenienza che non avevo neanche mai sentito nominare; le ho chiesto la ricetta e ve la riporto, ma vi avviso che è alquanto approssimativa...

Ingredienti

- 500 g di farina
- 100 g di pasta madre già rinfrescata più volte
- 2 o 3 uova
- 80-100 g di latte
- 80-100 g di burro
- sale
- noci
- uva passa

Procedimento

Lavorate la farina con la pasta madre e incorporatevi poco per volta le uova sbattute, il burro ammorbidito e un cucchiaino di sale. Impastate con il latte intiepidito che occorre per formare una massa liscia e omogenea, che dovrà lievitare, coperta, sino al raddoppio del volume. Incorporate uva passa e noci grossolanamente tritate e sistematela in una teglia ben unta di burro; fare ancora lievitare la focaccia, poi infornatela a 200 °C per 20 minuti circa o sino a quando non si presenterà ben dorata.

MICON AD PAN AD RIS

45

Quando mi sono imbattuta in questo pane, ho avuto chiara la percezione della complessità del mio lavoro. Questa ricetta, come molte altre del resto, non solo è fortemente legata al territorio – in questo caso quello della provincia di Pavia – ma non è riconducibile a procedimenti chiari e definiti; la produzione moderna si attesta su un impasto realizzato con farina di riso, mentre dal mio ricercare e andare a fondo sono alla fine arrivata all'elaborazione di antica memoria a base anche di riso lesso. Proprio perché stiamo parlando di un passato veramente lontano, non sono in grado di esprimermi con la massima precisione, come vorrei, ma vi do comunque delle indicazioni attendibili, con cui potrete confezionare il vostro speciale pane di riso. La Lomellina è zona di risaie e questo pane era un tempo nutrimento delle mondine, dunque di poco conto; oggi parliamo invece di un prodotto recuperato e fortemente rivalutato, reso bianchissimo, morbido e dolce dai suoi componenti.

Ingredienti

- 500 g di farina 00
- 200 g di farina di riso
- 200 g di pasta madre molto attiva
- 25 g di riso lesso molto cotto
- 1 cucchiaino di zucchero
- 1 cucchiaio di olio extravergine di oliva
- 12 g di sale
- acqua della lessatura del riso

Procedimento

Impastate tutti gli ingredienti, usando un po' dell'acqua in cui si è stato lessato il riso; diciamo che se la quantità totale di liquido è di 350 g – e, come sempre queste dosi sono indicative – la metà di esso sarà l'acqua della bollitura. Fate lievitare la pasta in un luogo tiepido per diverse ore, sino al raddoppio; suddividetela nelle pezzature desiderate e lasciate crescere ancora. Infornate a 200 °C per 20 minuti circa, a seconda della grandezza.

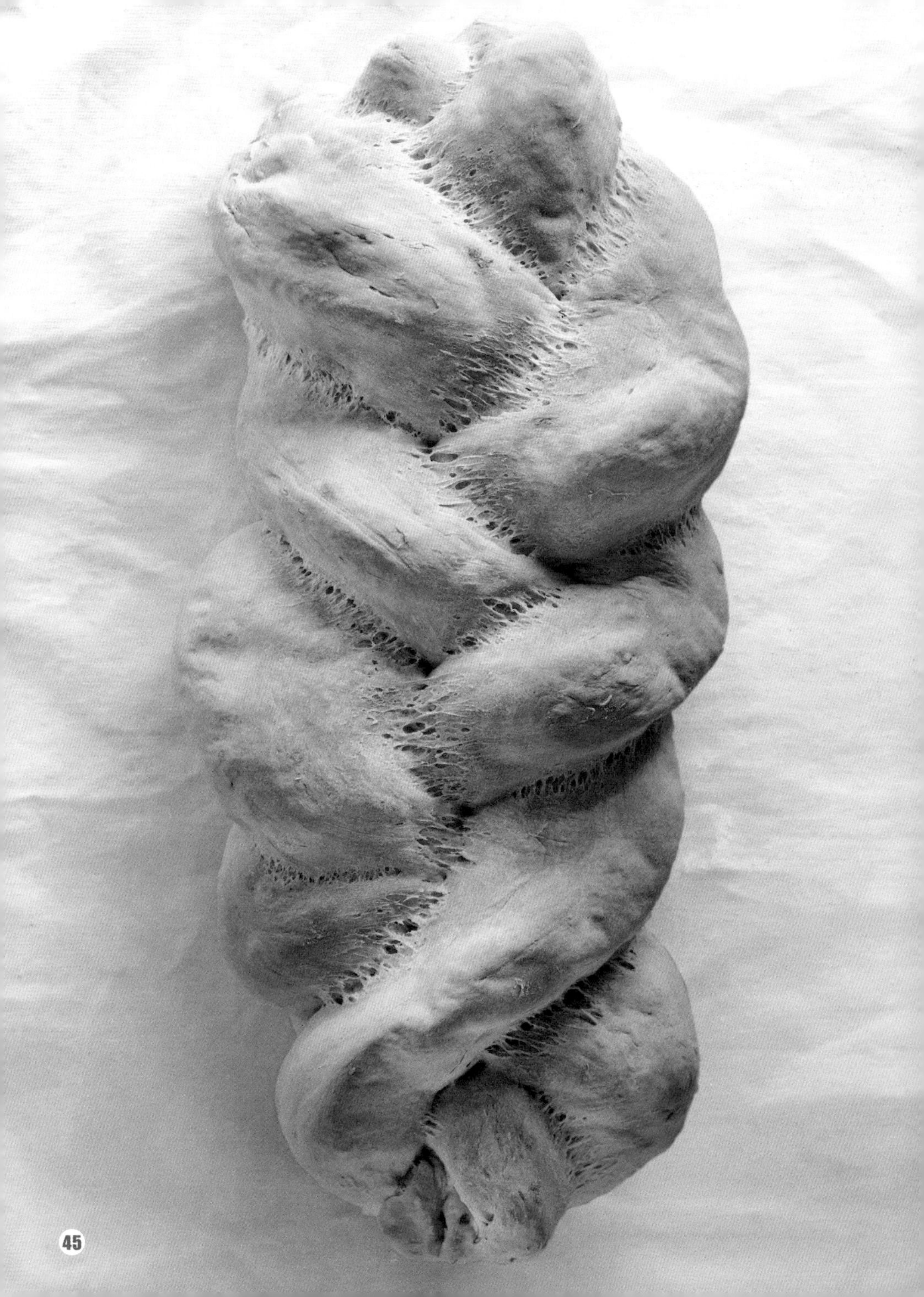

PANIGADA O PAN MEINO 46

Non è dimenticato, al contrario: questo pane è il simbolo di un territorio orgoglioso delle proprie radici; ma non potevo non inserirne la ricetta, proprio per la sua tipicità e per la bella storia che lo accompagna. Mi è arrivata direttamente dal signor Albino Colnaghi di Milano, il papà della cara Emanuela, proprio due giorni prima che egli venisse a mancare, e per questo motivo ve la racconto con piacere e commozione particolari.

All'inizio del XIV secolo, questo pane si realizzava con farina di miglio, farina gialla sottile e con mais molto ma molto grezzo, perché si diceva che dovesse grattare la gola; oggi si unisce anche della farina 00, per rendere l'impasto meno rozzo. La tradizione vuole che si prepari il 23 aprile, giorno della festa di San Giorgio, in cui – sempre nel XIV secolo – fu catturato e ucciso il brigante Vione Squilletti, che faceva razzia nelle terre del contado; la battaglia avvenne in una terra che da allora prese il nome di Morivione e ancora oggi così si chiama. Da allora, tutti gli anni, per celebrare la ritrovata libertà, il paese è in festa e produce questo buonissimo pane che, in effetti, ha due nomi: panigada, perché impastato con la *paniga* – i fiori di sambuco appena colti – e pan meino dal miglio, con la cui farina originariamente veniva impastato.

Ingredienti

- 150 g di farina di mais fine
- 150 g di farina di mais molto grossa
- 150 g di farina 00
- 200 g di zucchero
- 50 g di lievito madre (o 20 g di lievito di birra)
- 3 uova
- 1 noce di burro
- 2 cucchiai colmi di *paniga* (fiori di sambuco)
- 1 goccio di latte per il lievito

PER COMPLETARE

- zucchero vanigliato

Procedimento

Impastate gli ingredienti con acqua in modo da formare una massa morbida e liscia e fatela riposare al caldo sino al raddoppio del volume; suddividetela in forme tonde del diametro di 8-10 cm e lasciatele ancora lievitare. Infornate a 200 °C per 20 minuti circa.

IL PANE DELLA LIGURIA

Quanto è bella la Liguria! Una terra colorata e luminosa, arricchita dalla presenza di un mare invitante; se non siete mai arrivati a Genova in treno, non sapete che il paesaggio cambia all'improvviso. Ci si ritrova a costeggiare la riviera, con le sue belle ville colorate a strapiombo sul mare, per poi all'improvviso approdare nel cuore pulsante di una tipica città di mare, con i suoi stretti carrugi e il suo caos ordinato. Parlando in termini di cibo, qui ci sono dei colossi della cucina italiana: la focaccia bianca o il pesto o ancora la salsa di noci, solo per citarne qualcuno; ma qual è il prodotto per eccellenza della Liguria? Non ci sono dubbi... l'olio. Leggero e delicato, è usato come base di tantissime preparazioni, in cui non gioca il ruolo ovvio di condimento, ma quello più insolito e difficile di ingrediente base. È il caso della stroscia, che rientra a pieno titolo nelle tipicità liguri di antica memoria.

STROSCIA 47

Avete presente la sbrisolona mantovana? Ecco... questo dolce la ricorda moltissimo nella struttura, poiché stiamo parlando di una specie di frolla friabile al punto da non potersi tagliare, ma solo spezzare con le mani, da cui il nome: nel dialetto ligure *strosciare* significa «spezzare». Solo che, al contrario della burrosa cugina, la stroscia viene impastata con l'olio della regione. Siamo a Pietrabruna, in provincia di Imperia, e qui anticamente questo dolce si realizzava con il lievito naturale; oggi, per velocizzare i tempi, si usa piuttosto quello chimico, che tuttavia non impatta su sapore e croccantezza della ricetta originale.

Ingredienti

- 500 g di farina
- 30 g di pasta madre
- 130 g di zucchero
- 120 g di vermut
- 250 g ca. di olio extravergine di oliva leggero
- sale
- la scorza grattugiata di 1/2 limone non trattato

PER COMPLETARE

- zucchero

Procedimento

Impastate gli ingredienti, aggiungendo alla fine un pizzico di sale e la scorza di limone. Disponete la pasta all'interno di una teglia unta con olio d'oliva e cospargetela abbondantemente con zucchero; infornate a 180 °C per 30 minuti circa.

Se non avete la pasta madre, potete sostituirla con mezza bustina di lievito per dolci.

FOCACCIA DI VOLTRI 48

Più che con i pani, si tende a identificare questa regione con le focacce; famosa la genovese, soffice e alta, bella unta, rompidigiuno, merenda, pranzo e cena ma – sorprendentemente – anche prima colazione. Voi non ci crederete e, in effetti, non ci credevo neanch'io finché non l'ho provata, ma i genovesi hanno l'abitudine di farci la prima colazione intingendola nel caffellatte e mi hanno spiegato che per gustarsela al massimo deve essere molto ma molto oleosa. Comunque, tornando alle tipologie di focacce, non esiste solo la genovese, ampiamente nota, e se andate a spasso per i piccoli borghi della regione ne troverete diverse varianti, conosciute territorialmente, come quella di Voltri.

Non è che sia scomparsa o in via di estinzione, ma mi piace inserirla in questo nostro elenco perché ha un suo preciso carattere. Tanto per cominciare, penso sia utile far conoscere ottimi prodotti lontani dalle luci della ribalta, e poi questa ricetta è ben diversa dalle altre: non è affatto soffice soffice e alta, ma bassa e croccante e questo suo essere più "scrocchiarella" le deriva dalla farina di mais con cui viene cosparsa prima della cottura. Naturalmente dovrebbe essere cotta nel forno a legna, ma otterrete ottimi risultati anche utilizzando il domestico forno elettrico.

Ingredienti

- 500 g di farina
- 400 g di acqua
- 5 g di lievito di birra
- 10 g di malto
- 10 g di sale
- 25 g di olio extravergine di oliva
- 25 g di strutto

Procedimento

Inserite nella ciotola dell'impastatrice acqua, lievito e malto; aggiungete la farina, l'olio, lo strutto e infine il sale; lavorate lungamente sino a quando la pasta non diverrà liscia e molto elastica. Rovesciatela sul piano di lavoro, copritela e fatela riposare per una quindicina di minuti; tiratela delicatamente con le mani e date una piega a tre, sovrapponendone i lembi, come quando si realizza la pasta sfoglia. Suddividetela in due o tre parti uguali e stendete ciascuna di esse in un rettangolo, lavorando con il matterello su un piano abbondantemente spolverizzato con farina di mais; trasferite i rettangoli su altrettante teglie cosparse sempre con farina di mais, coprite con pellicola per alimenti e strofinaccio e lasciate lievitare per circa un paio d'ore. Irrorate con abbondante olio d'oliva la superficie delle focacce e praticatevi delle fossette con le dita; stendete la pasta con le mani, tirandola delicatamente in tutti i versi, sino ad arrivare ai bordi della teglia e infornate a 250 °C per 10 minuti circa.

PANE DI LURÈ 49

Sul finire dell'Ottocento un fornaio, tale Lorenzo, si trasferì a Ventimiglia per aprire la sua bottega e lì avviò la produzione e la vendita di un pane dolce all'uva passa, che incontrò subito il favore della clientela e da allora prese il nome di "pane di Lurè". C'è da dire che il forno è restato in attività sino a pochi anni fa, tramandato di generazione in generazione, e comunque questa dolce focaccia è ancora prodotta, venduta e apprezzata nella zona. Naturalmente, la ricetta che segue è trascritta sulla base di testimonianze e ricordi.

Ingredienti

- 500 g di farina 00
- 120 g di zucchero
- 80 g di pasta madre ben attiva
- 250 g uva passa di Zibibbo
- 30 g di olio extravergine di oliva leggero
- 1 cucchiaino di sale
- la scorza di 1 limone non trattato
- acqua di fiori d'arancio

PER COMPLETARE

- zucchero

Procedimento

Impastate la farina con la pasta madre e un po' d'acqua tiepida; incorporatevi un cucchiaio di acqua di fiori d'arancio, olio, zucchero e sale e lavorate per rendere la massa omogenea. Lasciate riposare per un'ora; aprite a libro la pasta con delicatezza, grattugiatevi sopra la scorza di limone e ricoprite con l'uva passa. Ammassate il tutto delicatamente e stendete con le mani in una teglia unta; ungete appena con olio e fate ancora riposare. Infornate a 190 °C per 20 minuti o sino a doratura.

Potete usare 20 g di lievito di birra al posto della pasta madre.

BISCETTE DI SOLVA 50

Li conoscete questi biscotti antichi? Ricordano nella forma i più famosi krumiri e hanno origine da una leggenda che credo proprio abbia basi reali. Nel Duecento Solva fu invasa dalle vipere e gli abitanti del paese rivolsero le loro preghiere alla Madonna, che le esaudì, liberandoli dai serpenti; oggi l'episodio viene ricordato in occasione della festa patronale, nel mese di marzo, con la produzione di questi buonissimi biscottini.

Ingredienti

- 400 g di farina
- 180 g di zucchero
- 200 g di burro
- 2 uova
- sale

PER COMPLETARE

- zucchero a velo

Procedimento

Lavorate tutti gli ingredienti con il burro ammorbidito; ne risulterà un composto morbido da inserire in una tasca da pasticciere. Sagomate dei biscottini a forma di S su una teglia imburrata e infarinata e infornate a 170 °C per 10-15 minuti o finché non saranno ben dorati. Una volta freddi, spolverizzateli con zucchero a velo.

CARPASINNA [PANE D'ORZO DI CARPASIO] 51

Pan d'ordiu. Un pane con la farina d'orzo ce lo potremmo aspettare nel Meridione, ma questa specialità viene da Carpasio, in provincia di Imperia. La ricetta mi arriva dalla mamma di Antonella, che collabora con me; ora lei lo lavora con il lievito di birra, mentre sua suocera usava la pasta madre. In ogni caso, si tratta di un prodotto alquanto pesante e consistente, poiché la farina nera non viene spezzata con quella di grano tenero, come generalmente avviene; è particolare anche il procedimento di cottura, poiché questo pane si cuoce già tagliato. Ne risultano fette un po' biscottate, simili alle friselle pugliesi, che in effetti si preparano anche in una versione con farina d'orzo. Il pane di Carpasio si consuma proprio in un modo simile a quello delle friselle: prima bagnato nell'acqua – perché è molto duro – poi condito con pomodori, acciughe, aglio e irrorato di olio.

Ingredienti

- 500 g di farina di orzo
- 60 g di pasta madre attiva
- 8 g di sale

Procedimento

Lavorate la farina con la pasta madre e l'acqua necessaria per ottenere una pasta morbida. Aggiungete il sale e fate lievitare sino al raddoppio del volume. Formate un filone e tagliatelo a fette; allineatele su una teglia coperta con carta da forno e infornate a 120 °C per 30 minuti; girate le fette e continuate per altri 30 minuti.

Al posto della pasta madre potete utilizzare 12 g di lievito di birra.

IL PANE DELLA TOSCANA

Dopo essermi imbattuta in tante ricette provenienti da tutta Italia, posso affermare senza alcuna esitazione che in Toscana vi sono quelle con i nomi più fantasiosi e bizzarri. Questa regione è molto attaccata alla sua produzione storica nel settore dell'arte bianca, al punto da istituire la Via del Pane, un percorso attraverso i territori dell'entroterra in cui si coltivano i cereali e si producono specialità legate al passato. Ma, incredibilmente, proprio questa è la ragione per cui ho avuto estrema difficoltà nel reperire le ricette dimenticate da inserire nel mio lavoro, perché qui nulla è dimenticato. I toscani sono così orgogliosi delle loro radici e tanto attaccati alle usanze che li accompagnano da sempre, da portarsi appresso pani e dolci che risalgono a molti secoli fa e che veramente per pochi aspetti sono stati modificati e attualizzati. È il caso del panforte, dei ricciarelli, della pagnottella di Santo Stefano. Al comune di Montagnoso, in provincia di Massa Carrara, per esempio, si riconduce il pane marocco, realizzato con farina di mais, olive nere, erbe aromatiche di varia natura, la cui nascita è datata intorno al 1650. Un nome simile? La marocca di Casola, impastata con farina di castagne, patate lesse e latte. La farina di castagne, o di neccio – come si chiama da queste parti – è molto utilizzata in Toscana per numerosi prodotti, così come le patate, che difatti sono la base del pane di un altro comune, Regnano, o del panon in Garfagnana. Un occhio di riguardo dobbiamo averlo anche per la ciaccia: questo termine indica diversi prodotti a base di pasta lievitata, che poi finiscono cotti in modo diverso. C'è la ciaccia al forno, una focaccia semplice o condita con i ciccioli del maiale nella versione salata e con l'uva secca o fresca in quella dolce; ci sono le ciacce fritte, in pratica la stessa pasta, tagliata a losanghe e fritta, per ottenere frittelle saporitissime conosciute anche come donzelle. Appartengono tutte alla tradizione di questa terra contadina e tanto attaccata alla sua storia.

PANE GARFAGNINO DI PATATE 52

Ingredienti

- 500 g di farina
- 150 g di patate lesse
- 100 g di pasta madre ben rinfrescata
- 1 cucchiaio di olio extravergine di oliva
- 12 g di sale

Procedimento

Passate le patate e unitele alla farina; aggiungete la pasta madre e poca acqua, in modo da poter lavorare la massa, ma facendo in modo che non diventi troppo umida. Incorporate sale e olio, formate un filone e mettetelo a lievitare in un luogo tiepido, su una teglia infarinata. Infornate a 200 °C per 30 minuti.

Se volete potete utilizzare 20 g di lievito di birra al posto della pasta madre.

FICATTOLA 53

Ficattola significa «macello, rinfusa» e in realtà con questo termine si identificano più ricette; questo è un pandolce ai fichi, una specie di schiacciata semplicissima e rustica. Siamo nelle campagne di Siena, dove un tempo veniva preparata. Ma le ficattole si trovano anche a Prato e dintorni: sono losanghe di pasta lievitata e fritta in olio d'oliva, mangiate calde con una spolverata di sale o abbinate a finocchiona e altri insaccati; differiscono dalle già menzionate donzelle per la forma, poiché queste ultime sono bastoncini lunghi fra i 20 e i 30 centimetri.

Ingredienti

- 500 g di pasta da pane già lievitata
- 1 kg di fichi freschi

Procedimento

Sbucciate i fichi; dividete la pasta in due parti, stendetele e ricopritele con i frutti spezzati con le mani. Infornate nel forno a legna; in alternativa passatele nel forno elettrico, su una teglia infarinata, a 200 °C per 20 minuti o più, sino a quando i fichi non saranno caramellati.

Per la pasta da pane, lavorate 400 g di farina con 40 g di pasta madre ben rinfrescata e lasciate riposare sino al raddoppio del volume, poi seguite la ricetta. In alternativa, potete impastare 500 g di farina con 25 g di lievito di birra.

BOLLI 54

Sono filoncini di pasta lievitata dalla preparazione un po' laboriosa; questi di cui vi do la ricetta sono semplicemente aromatizzati all'anice, ma ne esistono versioni in cui si aggiungono alla massa anche cedri a cubetti e uva passa.

Ingredienti

- 500 g di farina
- 200 g di pasta madre ben attiva
- 250 g di zucchero
- 2 uova
- 4 cucchiai di olio extravergine di oliva
- 1/2 cucchiaio di acqua di fiori d'arancio
- 1/2 cucchiaio di liquore di anice
- cannella in polvere
- semi di anice
- sale

PER COMPLETARE

- albume

Procedimento

Lavorate la pasta madre con la farina e un po' acqua e lasciatela raddoppiare di volume; sbattete in una ciotola le uova con un pizzico di sale e tutti gli altri ingredienti e unite questo composto alla massa lievitata. Lavorate per formare una massa liscia ed elastica ma morbida e aggiungete farina, se occorre; suddividetela in più pezzi di uguale misura e allineateli su una teglia infarinata per farli ancora lievitare sino al raddoppio del volume. Cuocete i bolli nel forno a legna o in quello elettrico a 200 °C per una trentina di minuti: devono assumere un bel colore nocciola.

Se volete, potete sostituire la pasta madre con 25 g di lievito di birra.

SFRATTO 55

Non è dimenticato, al contrario, è estremamente in auge nel paese di Pitigliano, in Maremma, detta anche "la piccola Gerusalemme", in onore di una grande comunità ebraica che vi ha vissuto a lungo. Ma lo sfratto ha una storia interessante che merita di essere raccontata, per non dimenticare.

All'inizio del XVII secolo, Cosimo dei Medici fece un'ordinanza per concentrare tutti gli ebrei in un ghetto nel comune di Pitigliano, sfrattandoli appunto dal borgo dello stesso paese in cui essi vivevano sin dalla fine del Quattrocento; i messi che giravano per le case per fare eseguire l'ordine bussavano sulle porte delle abitazioni con un lungo e stretto bastone. Nel ricordo di questo episodio viene ancora oggi prodotto questo pandolce, un involucro di sfoglia che racchiude al suo interno un goloso ripieno e che, naturalmente, è lungo e stretto come un bastone e si serve tagliato a pezzetti.

Ingredienti

PER LA PASTA
- 500 g di farina
- 80 g di zucchero
- 2 uova
- 50 g di burro
- 80 g di latte
- 1 bicchierino di liquore di anice
- 1 pizzico di sale

PER COMPLETARE
- albume

PER IL RIPIENO
- 500 g di noci sgusciate
- 500 g di miele
- 3 cucchiai di pangrattato
- la scorza di 1 arancia non trattata
- la scorza di 1 mandarino non trattato
- la scorza di 1 limone non trattato
- noce moscata in polvere
- cannella in polvere

Procedimento

Partite dalla preparazione del ripieno. Tritate grossolanamente le noci e unitele alla scorza grattugiata degli agrumi (circa un cucchiaio per ciascuno di essi) e alle spezie (un bel pizzico di entrambe). Mettete il miele in una pentola e fatelo cuocere per una ventina di minuti; unitevi il trito preparato e il pangrattato e mescolate per un'ulteriore decina di minuti. Rovesciate la massa sul piano di lavoro unto d'olio e suddividetela in 6 parti; attendete che si intiepidiscano un po', poi sagomate ciascuna di esse in un lungo filoncino con le mani unte d'olio.

Preparate la pasta con gli ingredienti indicati e stendete sottile la sorta di frolla che avrete ottenuto; avvolgetela intorno a ciascun bastoncino di ripieno, dando un giro completo, e spennellate con albume. Infornate su una teglia spolverizzata di farina a 180 °C per 20 minuti circa.

PATTONA O PAN DI NECCIO 56

Una pagnotta che ricorda tanto il pangiallo laziale, come pure tantissime altre tipologie di pani conditi che tipicamente si consumano per le feste natalizie; la differenza, in questo caso, è data dall'uso della farina di neccio, cioè di castagne, che si fa sentire sul finale dell'assaggio con una leggera sfumatura amarognola. Nel passato, il pan di neccio veniva cotto nel forno a legna, avvolto da foglie di castagno.

Ingredienti

· 300 g di farina di castagne
· 200 g di farina 00
· 100 g di pasta madre attiva
· vino rosso
· 60 g di noci sgusciate
· 60 g di fichi secchi
· 1 cucchiaino di sale
· la scorza di 1 arancia non trattata

Procedimento

Tritate grossolanamente la frutta secca; impastate le due tipologie di farina con la pasta madre e il vino sufficiente per amalgamarle. Aggiungete il sale e un cucchiaino di scorza grattugiata di arancia e lasciate lievitare la massa sino a raddoppio del volume; suddividetela in porzioni di uguale misura e fatele ancora crescere prima di cuocerle nel forno a legna, avvolte fra foglie di castagno. In alternativa, fate la seconda lievitazione direttamente su una teglia infarinata e infornate a 200 °C per 30 minuti circa, in relazione alla grandezza delle pagnottine.

Se volete, potete sostituire la pasta madre con 20 g di lievito di birra.

IL PANE DELLA VALLE D'AOSTA E DEL PIEMONTE

NELLA VALLE D'AOSTA

In questa regione manca una tradizione panificatoria consistente e questo è logico in una terra le cui caratteristiche orografiche escludono le coltivazioni di frumento. I pani che qui si trovano sono scarsi e neri, generalmente a base di farine alternative; sono asciutti, consistenti e compatti. Dovete pensare che le altitudini sono eccezionali e che a 1.600 m di quota non si può coltivare il grano con facilità: più semplice è orientarsi su avena o segale. Ed è proprio quest'ultima la coltivazione per eccellenza della regione, il cui consumo ha sempre tracciato la linea sottile della differenza sociale: pane bianco per i ricchi e nero per i poveri, che poteva raggiungere una percentuale del 90% di farina di segale. I primi documenti pervenuti che parlano di pane risalgono al XII secolo, poiché sono ampiamente menzionati in estratti e registri ecclesiastici; rispettato come oggetto di culto, il pane era accompagnato da usanze e rituali: mai portato in tavola capovolto, impresso con un segno a croce prima della lievitazione e della cottura, benedetto per scongiurare malattie del bestiame e offerto come grazia ricevuta. La regione è caratterizzata da tante piccole comunità, da sempre autonome e indipendenti ai fini della sopravvivenza e dunque ciascuna dotata di un proprio mulino per la produzione delle farine e di un forno, in cui mandare in cottura i pani realizzati dalle singole famiglie poche volte all'anno. La panificazione era una cosa seria, che poteva durare anche un mese e coinvolgeva l'intera comunità; i lavori iniziavano nel mese di novembre, ottimale per le temperature, e vedevano l'apporto di tutti: uomini, donne e bambini. Le pagnotte, avendo una percentuale di segale anche del 90% e poca acqua, si indurivano rapidamente, al punto che per tagliarle era necessario il *copapan*, un apposito strumento. Questi pani non sono andati perduti, proprio perché rientrano in una varietà limitatissima; al contrario, si producono tuttora con le stesse ricette inalterate nel tempo, dunque con farine scure, e spesso sono integrati da castagne o mele oppure frutta secca di vario genere per trasformarsi in una sorta di rustico dolcetto. Sono a metà fra il salato e il dolce e si sposano con qualsiasi cosa, dai salumi ai formaggi al miele; assolutamente entusiasmanti, direi.

Un esempio veramente rappresentativo è la micòoula, una via di mezzo fra un dolce e un pane; di antiche origini medievali e originariamente preparato in inverno nella valle di Champorcher, può essere in qualche modo ricondotto al panettone, anche se originariamente era arricchito solo con castagne lesse o arrostite. Oggi è protagonista di diverse sagre che lo celebrano nel mese di dicembre.

Ma prima di entrare nel vivo delle ricette, mi fa piacere citare e ringraziare Federica Chouquer, che si è attivata per me in questa difficile ricerca e ha reperito molto materiale storico. La ricetta della micòoula ci arriva da lei e ve la riporto con le sue stesse parole; purtroppo è imprecisa perché frutto di un racconto che le è stato fatto. Prendetela come riferimento indicativo.

MICÒOULA

57

Questa ricetta, anticamente era confezionata solo con le castagne secche. Il lievito madre (fatto con farina di segale e acqua) veniva preparato in un luogo caldo ed umido, preferibilmente una stalla, e lasciato lievitare a temperatura ambiente per alcune ore. Attualmente, al posto del lievito madre si usa quello di birra. La percentuale delle due farine può variare, ma non si può fare di sola segale, altrimenti diventa troppo duro. L'uva passa utilizzata anticamente era quella del Vien de Nus (vitigno autoctono dai grappoli grossi e carnosi, oggi molto raro), mentre oggi è sostituita dalla comune uva sultanina. Questo pane, anticamente, era preparato per Natale; quello diventato duro veniva consumato nel corso dell'anno. Le sue origini risalgono al Medioevo quando, nella valle di Champorcher, al termine della cottura del pane di segale era consuetudine preparare anche il pane di castagne. Nel corso dei secoli, esso si è arricchito con noci, fichi secchi, uva passa e talvolta anche scaglie di cioccolato.

Gli ingredienti sono per 10 kg di impasto (la quantità mi è stata data alcuni anni fa da una signora di Hône, così pure come parte delle informazioni che ho riportato qui sopra).

Ingredienti

- 6 kg di farina di frumento
- 4 kg di farina di segale
- 125 g di pasta madre
- 2,5 kg di castagne
- 750 g di uva passa
- 500 g di noci
- 100 g sale
- uova
- burro
- zucchero
- acqua
- sale

Procedimento

Impastate le due farine con il lievito madre. Fate lievitare e unite le castagne, precedentemente sbollentate, e tutti gli altri ingredienti. Modellate a forma di pane e cuocete nel forno caldo.

MECOULIN

58

Assimilabile alla micòoula è il mecoulin, detto anche pandolce di Cogne, perché in questa cittadina esso viene prodotto e venduto durante il periodo natalizio.

Ingredienti

- 500 g di farina 00
- 80 g di pasta madre
- 200 g di zucchero
- 50 g di burro
- 75 g di latte
- 75 g di crema di latte
- 3 uova
- 50 g di grappa
- 200 g di uva passa
- la scorza di 2 limoni non trattati

Procedimento

Mettete l'uva passa a bagno nella grappa per un paio di ore prima di avviare la lavorazione. Portate a ebollizione il latte con lo zucchero, il burro, la crema di latte e la scorza dei limoni; iniziate a lavorare la farina e la pasta madre insieme, poi diluite con una piccola parte del composto a base di latte. Sbattete le uova e unitele poco a poco all'impasto, quindi continuate la lavorazione, idratando con tutti i liquidi scaldati; lavorate sino a quando la massa non diverrà liscia e omogenea. Se dovesse risultare troppo asciutta, bagnatela con la grappa usata per ammorbidire l'uva passa; mettete a lievitare sino al raddoppio del volume (occorreranno diverse ore). Stendete delicatamente la pasta con le mani e ricopritela con l'uva passa, lavorando bene per distribuirla; suddividete in due o più panetti e fateli ancora riposare; se li cuocerete nel forno elettrico, allineateli direttamente su una teglia coperta di carta da forno per la seconda lievitazione. Cuocete nel forno a legna o infornate a 190 °C per 30 minuti circa o sino a doratura, a seconda della grandezza delle pagnottelle.

Al posto della pasta madre, potete usare 20 g di lievito di birra.

PAN NER

Questo è il pane nero tipico di tutte le valli valdostane, di cui ho già parlato; impastato con la pasta madre, è asciutto e si mantiene a lungo. Nel passato veniva preparato una sola volta all'anno e fatto seccare su apposite rastrelliere di legno, in modo che costituisse una riserva per l'inverno da consumare nelle zuppe o come base per tantissime ricette. Come potete immaginare, non è pensabile che ne esista una sola ricetta, poiché ogni famiglia produceva le proprie pagnotte, distinguendole poi dalle altre con il segno lasciato da un oggetto impresso sulla superficie. Un panettiere di Arvier oggi lo realizza con un 99% di farina di segale e per produrre 100 pagnotte impasta 70 kg di farine con 20 kg di pasta madre.

Ingredienti

- 350 g di farina di segale
- 150 farina 0
- 100 g di pasta madre attiva
- 25 g di semi di lino
- 25 g di semi di sesamo
- 12 g di sale

Procedimento

Impastate le farine con la pasta madre e un po' d'acqua tiepida; incorporatevi il sale e lavorate con altra acqua, per formare una massa liscia ed elastica, che dovrà riposare al caldo sino al raddoppio. Incorporatevi i semi e formate le pagnotte o i panini; lasciateli ancora lievitare, quindi cuoceteli nel forno a legna o infornateli in quello elettrico a 200 °C per 30 minuti (o per più tempo, in base alla loro grandezza).

IN PIEMONTE

Dalla Valle d'Aosta al Piemonte il passo è breve e le cose non cambiano poi tanto. Il fatto è che anche qui, anticamente, c'era una tradizione particolare, secondo la quale determinati pani venivano prodotti una sola volta all'anno e fatti essiccare, per poi tramutarsi in morbidi gnocchi, soffici dolci o cremose salse. Dobbiamo tenere presente il territorio: qui siamo in un'area estrema, dove i picchi raggiungono altezze superiori ai 3.000 m e dove gli inverni sono lunghi e rigidi; in un contesto simile è logico che nel passato si siano privilegiati prodotti adatti a superare il trascorrere dei mesi in condizioni di isolamento. Certamente, però, ci troviamo anche in una regione molto ampia: proprio per questo le ricette incontrate durante questa ricerca sono numerose; non mi riferisco solo al pane nel senso specifico del termine, ma a tanti altri sottoprodotti che hanno reso grande questo territorio: tanto per cominciare, i grissini. Non è un mistero per nessuno che essi siano nati qui, nella versione stirata a mano; amabili in questa veste, perché alla croccantezza delle parti più sottili si alterna la morbidezza di quelle più spesse. La leggenda ci dice che essi nacquero nel 1668, su commissione di Casa Savoia, per il piccolo Vittorio Amedeo II che aveva problemi di alimentazione; il fornaio incaricato operò una trasformazione sulla ghersa, il pane in auge all'epoca, creando il ghersin, il grissino. Prototipi noti e apprezzati sono i rubatà, oggi tutelati dal Ministero delle Politiche Agricole e Forestali e tanto rappresentativi della nostra nazione da essere stati inseriti fra i prodotti tipici italiani alle Olimpiadi di Londra del 2012.

I Savoia hanno naturalmente esercitato una grande influenza in qualsiasi attività della loro regione di appartenenza e fra queste anche nell'arte bianca; un esempio fra tutti è il pane di Carlo Alberto, che da questo monarca prese il nome. Ma iniziamo il nostro percorso con un pane-focaccia di origini monferratine.

CARSENTA

Perché questa doppia definizione di pane-focaccia? Perché questo prodotto ha caratteristiche differenti in base alla zona di produzione: piuttosto basso nel Monferrato, più "focaccioso" altrove. Veniva realizzata con un pezzetto di pasta di riporto avanzata dagli impasti della giornata, arricchita da zucchero e uva passa e buttata nel forno a cuocere al termine dei lavori.

Ingredienti

- 250 g di farina manitoba
- 250 g di farina di mais fioretto
- 250 g di pasta madre rinfrescata
- 30-70 g di zucchero
- 150 g di frutta secca (noci, nocciole, mandorle, fichi secchi, nelle proporzioni preferite)
- 70 g di strutto
- 12 g di sale
- 50 g di arancia candita
- scorza di limone non trattato grattugiata

PER COMPLETARE

- zucchero

Procedimento

Unite le farine alla pasta madre e ammassate un po' con acqua intiepidita; incorporate lo zucchero, lo strutto, il sale e un paio di cucchiaini di scorza di limone grattugiata; impastate con acqua sufficiente per formare una massa liscia e consistente che dovrà lievitare al caldo sino al raddoppio del volume. Incorporate ora tutta la frutta secca, grossolanamente tritata, e l'arancia candita; suddividete l'impasto in una o più parti e formate delle pagnotte che farete ancora riposare. Praticate delle incisioni sulla superficie dei pani, spolverizzateli con poco zucchero e cuoceteli preferibilmente nel forno a legna o, in alternativa, in quello elettrico a 210 °C per 20-30 minuti, in base alla loro pezzatura.

Se volete potete sostituire la pasta madre con 25 g di lievito di birra.

FUGASSA D'LA BEFANA 61

Si tratta di un dolce di antica memoria, in uso nel territorio di Cuneo, simile a un panbrioche a forma di margherita. Si preparava in occasione di feste di famiglia e si nascondevano due fave al suo interno, una bianca e una nera: il fortunato che trovava la bianca pagava la focaccia; chi trovava invece la fava nera si faceva carico del vino.

Ingredienti

- 500 g di farina
- 200 g di pasta madre attiva
- 150 g di burro
- 120 g di tuorli
- 180 g di canditi (cedro e arancia)
- 8 g di sale
- 1 bacca di vaniglia

PER COMPLETARE

- albume
- granella di zucchero

Procedimento

Preparate un impasto di giusta consistenza con farina, pasta madre e acqua e fatelo lievitare per diverse ore finché non triplicherà di volume; incorporate i tuorli, il sale, i semi della bacca di vaniglia e il burro a fiocchetti. Lavorate lungamente e aggiungete infine i canditi tagliati a cubetti piccoli; suddividete la pasta in quattro pezzi e stendete in un tondo ciascuno di essi. Sovrapponete i tondi a due a due; suddivideteli in spicchi a mo' di margherita, senza arrivare al centro, e attorcigliateli sovrapponendoli per un terzo. Spennellate la fugassa con albume e spolverizzate con granella di zucchero; fate ancora lievitare, quindi infornate a 190 °C per 30 minuti circa.

Se volete potete sostituire la pasta madre con 20 g di lievito di birra.

60

61

62

63

BARBARIÀ

62

Arriva dritto dritto dalle valli del territorio cuneese e il suo nome significa «imbarbarito», perché è realizzato con farina di segale e di frumento in parti uguali; lievita in diverse ore con pasta madre in elevata percentuale e ha proprio un sapore antico e una compattezza rustica data dalla bassa idratazione. La ricetta che vi riporto potete eventualmente alleggerirla usando una minore quantità di pasta madre, ma vi avviso che così facendo perderete lungo la via le tipiche note acide e rustiche che caratterizzano il prodotto.

Ingredienti

- 250 g di farina 0
- 250 g di farina di segale integrale
- 500 g di pasta madre molto attiva
- 350 g ca. di acqua
- 12 g di sale

Procedimento

Preparate l'impasto con gli ingredienti indicati e lavoratelo lungamente; allungatelo con le mani in un rettangolo e ripiegatelo su se stesso per tre volte, infine mettetelo a lievitare al caldo per tutto il tempo che occorre per farlo raddoppiare di volume. Dividete la pasta in due parti uguali e sagomatele a pagnotta o a filone; lasciatele ancora lievitare, quindi cuocetele nel forno a legna. In alternativa, infornate il pane in quello elettrico a 250 °C per i primi 20 minuti, poi abbassate la temperatura a 190 °C per altri 20 minuti o più, a seconda della pezzatura.

Non vi consiglio di sostituire la pasta madre, per non perdere il caratteristico sentore tipico di questa ricetta, ma se proprio volete farlo, non usate meno di 30 g di lievito di birra.

CREDENZIN

63

Molto simile alla micòoula valdostana, è impastato con farina di segale e frutta secca e ci porta a Trontano, in Ossola, dove a volte viene realizzato a forma di Gesù Bambino. A sua volta, il credenzin ci riconduce al crescenz, confezionato con la pasta avanzata dalla lievitazione e foggiato a pupazzetti, o al crescianzin, ricco di fettine di arancia e frutta secca e ricoperto da noci e zucchero. Per non parlare del pane con le pere, nel quale mi sono imbattuta in Trentino.

Ingredienti

- 350 g di farina di segale
- 150 g di farina 00
- 100 g di pasta madre attiva
- 100 g di zucchero
- 200 g di uva passa
- 100 g di noci
- 30 g di nocciole
- 30 g di fichi secchi
- 30 g di mandorle
- 1 cucchiaino di sale

Procedimento

Mescolate le farine con la pasta madre, impastando con l'acqua necessaria per formare un impasto morbido; aggiungete sale e zucchero e lavorate fino a ottenere una pasta compatta e liscia, che dovrà lievitare per diverse ore sino al raddoppio del volume. Tritate grossolanamente noci, nocciole, fichi e mandorle e incorporateli alla massa insieme all'uva passa; sporzionate in pezzi di uguali dimensioni e fateli crescere sino al raddoppio del volume. Cuocete i credenzin nel forno a legna o in quello elettrico a 200 °C per 30 minuti circa, sino a quando la crosta non si scurirà.

Se volete, potete usare 25 g di lievito di birra in sostituzione dei 100 g di pasta madre.

PANE DI CARLO ALBERTO

64

Ecco la ricetta di un pane di cui ho già parlato, che all'epoca costituiva il pasto dei soldati al fronte, una sorta di piatto unico, ricco di uova e zucchero, ma anche di alici e noci. Oggi se ne tramanda il ricordo, ma non è più facilmente reperibile e, a quanto ne so, viene prodotto su ordinazione solo da pochissimi forni di alcune località, per esempio a Boves, in provincia di Cuneo. La ricetta originale resta dominio di pochi; ho fatto lunghe e approfondite ricerche, ma mi sono imbattuta in informazioni discordanti per quanto riguarda il tempo in cui la ricetta è nata: che ne dite voi di un procedimento che, oltre al logico lievito madre, prevede anche l'uso del più moderno lievito di birra? O del burro al posto dello strutto? E così, avendo assaggiato questo pane, sono arrivata a sviluppare questa ricetta che ora vi riporto, che si avvicina molto a quella originale, ma che originale non è.

Ingredienti

- 200 g di farina di segale
- 300 g di farina manitoba
- 150 g di pasta madre molto attiva
- 1 uovo
- 30 g di strutto
- 1/2 cucchiaio di zucchero
- 50 g di noci
- 30 g di alici
- 10 g di sale

Procedimento

Impastate le farine con la pasta madre e un po' d'acqua tiepida, sbattete l'uovo con lo zucchero e il sale e incorporateli alla massa insieme allo strutto, lavorando lungamente; formate un impasto liscio e consistente, aiutandovi se necessario con altra acqua, e lasciatelo raddoppiare di volume per diverse ore. Tritate grossolanamente le noci, spezzettate le alici e incorporatele alla massa; suddividetela in due parti di uguali dimensioni e sagomatele a filoncini oblunghi. Fateli ancora lievitare e incidetene la superficie a mo' di lisca; spolverizzate di farina e cuocete nel forno a legna o infornate in quello elettrico a 220 °C per 25-30 minuti o sino a quando i pani non si presenteranno ben coloriti.

Se volete potete usare 25 g di lievito di birra invece della pasta madre.

LA FUJASA DELLA VAL SUSA

65

Non posso non salutare il Piemonte con questa bella ricetta, che risale addirittura al Medioevo; tramandata sino ai nostri giorni, è ovviamente stata molto rivisitata secondo le moderne abitudini alimentari: non miele ma zucchero, non strutto ma burro, non pasta madre ma lievito di birra. Una rotonda, bassa focaccia, bruciacchiata in superficie per effetto della caramellizzazione dello zucchero con cui viene cosparsa prima della cottura. Poco dolce e poco soffice, decorata diversamente da chiunque la produca.

Ingredienti

- 500 g di farina 00
- 50 g di pasta madre attiva
- 50 g di strutto
- 2 uova
- 40 g di miele
- 1 cucchiaino di sale

PER COMPLETARE

- zucchero

Procedimento

Preparate un impasto con gli ingredienti indicati, lavorando con l'aggiunta dell'acqua tiepida necessaria per raggiungere la giusta consistenza, e lasciatelo lievitare in un luogo tiepido sino a che non raddoppierà abbondantemente di volume. Suddividete la massa in due o più porzioni uguali, sagomatele a palla e schiacciate ciascuna di esse per ottenere le focaccette; fatele ancora riposare. Praticate con la punta delle dita delle fossette sulla loro superficie e cospargetele di zucchero; infornate a 200 °C per 20-30 minuti o sino a quando le focacce non diverranno ben colorite, ma facendo attenzione: lo zucchero deve caramellizzare senza bruciare.

Varianti possibili alla ricetta sono: usare 20 g di lievito di birra invece della pasta madre; usare 30 g di zucchero invece dei 40 di miele; usare 25 g di burro e 25 g di strutto. Comunque, non vi consiglio di sostituire completamente lo strutto con il burro, per non snaturare la preparazione.

IL PANE DEL VENETO

Pani e dolci del Veneto sono profondamente radicati nella produzione locale e dunque spesso a base di farine diverse e semi di varia natura o prodotti regionali; la tirotta è uno di questi, un pane antichissimo del Polesine che risale ai tempi in cui la nobile farina bianca scarseggiava: per questo l'impasto venne tagliato con la farina di mais, di maggiore reperibilità.

Sono molto legata a questa regione da motivi affettivi, perché vi trascorro le mie estati; ci sono posti bellissimi in Veneto, che vale la pena di scoprire: il Cadore o l'Ampezzano con le loro vette maestose ti entrano nel cuore e non se ne vanno più. Io fra quelle montagne ho mosso i miei primi passi, sono salita sulla prima altalena, ho mangiato il primo krapfen della mia vita. Andare alla ricerca di antiche ricette, qui, mi è stato facile, perché nel Veneto io sono di casa, sono amica delle persone che ci vivono ma anche dei luoghi e di quelle montagne meravigliose, cui resterò sempre legata dal filo sottile della nostalgia.

PAN BISCOTO 66

Il pan biscotto, antico pane del Polesine, è quello consumato da sempre dai contadini e prodotto poche volte all'anno; ricorda tanto il pane scafetò, che prende il nome dallo scaffale su cui veniva essiccato e conservato per lunghi mesi. Come ci dice il suo nome, il pan biscotto è un pane duro a bassa idratazione, perché doveva conservarsi a lungo; era anche altamente digeribile, grazie al lievito madre con cui era fatto e poteva essere inzuppato nel caffellatte o accompagnato con salumi e formaggi ma anche frutta. Costituiva la base di tante preparazioni, come la panà, una morbida e povera crema di pane cotto e dissolto nell'acqua, arricchita da una spolverata di grana e da un filo d'olio buono. Ecco, tutto ciò si trova nel pan biscotto, questo antesignano del pane che non può essere dimenticato.

Ingredienti

- 500 g di farina 0
- 50 g di pasta madre molto attiva
- 1 cucchiaio di strutto
- 1 cucchiaio di olio extravergine di oliva
- 12 g di sale

Procedimento

Lavorate la farina con la pasta madre e poca acqua; incorporate strutto, olio, sale e ancora acqua, ma in quantità minima: l'impasto dovrà risultare molto asciutto e dovrà essere lasciato in un luogo tiepido a raddoppiare di volume. Ci vorrà molto tempo, perché il tempo di reazione della pasta si allunga quanto più essa è asciutta. Allungatela quindi in un filone e tagliatela a fette; sagomate ciascuna di esse a forma di cornetto, che si potrà anche chiudere a ciambella. Fare ancora lievitare i pani, quindi infornateli a 200 °C fino a raggiungere i tre quarti della cottura; estraeteli dal forno e abbassate la temperatura a 120 °C. Infornateli nuovamente e terminate di cuocerli. Manteneteli nel forno caldo aperto sino al raffreddamento dello stesso, in modo che si biscottino.

PANE DI ZUCCA 67

Auronzo di Cadore, un lungo paese ai piedi delle Tre Cime di Lavaredo, è un posto magico per me, che conosco palmo a palmo. Qui vive la mia amica Annagrazia, innamorata delle sue montagne, che mi ha ricordato che loro usano molto le farine integrali o comunque miste, i semi di lino e di girasole e la zucca; sicché mi sono messa a caccia e ho scovato questo buonissimo pane che, più che dimenticato, definirei identificativo dei luoghi cui appartiene.

Ingredienti

- 200 g di farina 0
- 100 g di farina di segale
- 200 g di pasta madre molto attiva
- 50 g di strutto
- 10 g di sale
- 200 g di zucca decorticata

PER COMPLETARE

- semi di zucca
- strutto

Procedimento

Impastate le due farine con la pasta madre e acqua tiepida; ammassate un po' il tutto, poi incorporate lo strutto e il sale, lavorando lungamente per ottenere un impasto morbido e liscio. Lasciatelo raddoppiare di volume in un luogo tiepido e intanto decorticate la zucca e cuocetela brevemente a vapore, avendo cura che non si disfi. Suddividete l'impasto in due parti uguali, allargatele delicatamente con le mani e ricopritele con la zucca; arrotolatele a mo' di filone e fatele ancora lievitare. Praticate infine dei tagli sulla superficie dei pani, spennellateli delicatamente con strutto fuso e cospargete con i semi di zucca. Infornate a 200 °C per 25-30 minuti o sino a quando non saranno ben dorati.

Se volete, potete sostituire la pasta madre con 20 g di lievito di birra.

SCHIZOTO 68

Il comune di Santa Margherita d'Adige, in provincia di Padova, organizza nel mese di giugno la Festa de lo schizoto, un antesignano della pagnotta. Ancora in uso nella zona del Polesine ma sconosciuto al di fuori dei confini territoriali, è diffusissimo in tutta la Bassa Padovana, a sud dei Colli Euganei. Ma cos'ha di particolare? Il fatto che sia personalizzato da famiglia a famiglia, al punto che ciascuna ne possiede una propria versione perfezionata con il tempo. Dunque c'è chi usa il lievito e chi per niente; chi ci mette i ciccioli di maiale e chi no; chi usa il grasso d'oca e chi il lardo; chi lo cuoce nella stufa e chi nel camino, anche se oramai si preferisce il più comodo e diffuso forno elettrico. Ma qualunque sia la variante realizzata, ci ritroviamo nel piatto una bella focaccia abbastanza bassa e saporita, indipendentemente dal grasso utilizzato, incisa in un reticolo sulla superficie già prima della cottura e perfettamente accostabile agli ottimi salumi veneti.

Ingredienti

- 500 g di farina
- 50 g di strutto
- 10 g di lievito di birra
- 100 g ca. di acqua
- 100 g ca. di latte
- 1 cucchiaio di olio extravergine di oliva
- 2 cucchiaini di zucchero
- 10 g di sale

Procedimento

Lavorate la farina con il lievito e pochissima acqua; unite lo zucchero, i grassi e il sale e impastate con il latte e l'acqua restante, dosati con grande attenzione, per non esagerare. Il composto che ne risulterà dovrà essere consistente, non disfatto; fatelo lievitare al caldo per un'oretta; stendetelo in una teglia unta di strutto o olio all'altezza di un paio di centimetri e praticate delle incisioni a griglia sulla superficie. Infornate a 190 °C per 30 minuti o anche meno, facendo attenzione che non scurisca troppo.

PINZA ALLA MUNARA 69

Una cugina della pizza bianca romana scrocchiarella, caratterizzata dalla totale mancanza di lievito e dal contenuto di olio di oliva. Ha origini controverse, perché diverse famiglie se ne contendono la creazione; deve il suo nome al mugnaio che la inventò il quale, non avendo nulla da mangiare, realizzò un impasto di sola farina e acqua e lo suddivise in più parti, che sovrappose alternandole a strati di olio.

Ingredienti

- 500 g di farina
- 50 g di olio extravergine di oliva
- 200 g ca. di acqua
- 2 cucchiaini di sale

PER COMPLETARE

- olio extravergine di oliva

Procedimento

Impastate la farina con tutti gli ingredienti e lavorate per rendere il composto liscio e omogeneo, poi lasciatelo riposare per una ventina di minuti. Suddividete la pasta in due parti uguali e stendete ciascuna di esse con il matterello fino a ottenere uno strato sottile; ungete d'olio la prima sfoglia, sovrapponetevi la seconda e ungete anche questa. Ripiegate la pinza su se stessa di un quarto per volta, ungendo ogni volta prima di una nuova sovrapposizione, sino a raggiungere un'altezza di 4 cm; infornate a 190 °C per 20 minuti o sino a doratura.

PINZA ONTA DI GIUSTINA 70

Chiudiamo in bellezza questo racconto goloso con un ricordo di Giustina, conosciuta tante estati fa, che la faceva come poche. La pizza onta che preparava è molto simile allo schizoto, ma più rustica: vale la pena provarla.

Ingredienti

- 400 g di farina 00
- 100 g di farina integrale
- 50 g di pasta madre attiva
- 30 g di strutto
- 1 uovo
- 150 g di ciccioli
- 1 cucchiaio di semi di anice
- 6 g di sale

PER COMPLETARE

- strutto
- sale

Procedimento

Lavorate le farine con la pasta madre e poca acqua tiepida; aggiungete l'uovo e lo strutto e ancora dell'acqua, per amalgamare bene. Fate lievitare sino al raddoppio del volume. Incorporate i ciccioli e i semi di anice e stendete la pasta in una teglia unta di strutto; spalmate con un velo di strutto e fare ancora crescere. Spolverizzate con sale fino e infornate a 220 °C per 30 minuti circa.

IL PANE DEL TRENTINO ALTO ADIGE

Se siete in Veneto, potete salire in macchina e, guidando guidando, arrivare fino a Dobbiaco. All'ingresso del paese vi trovate a un grosso bivio: se andate a destra, in direzione San Candido, potete sconfinare in Austria; se andate a sinistra arriverete a Brunico, principale centro della Val Pusteria. È curioso come il paesaggio possa cambiare in modo così evidente: se, guardando a destra, già si intravedono le cime austriache più dolci, arrotondate e verdi, come nel cartone di Heidi, dal lato opposto le montagne diventano più aspre ed evidenti. E comunque vi confrontate all'improvviso con un'italianità atipica, in cui di Italia non c'è molto, a cominciare dalla lingua madre.

Tornando al nostro argomento, il gioco è presto fatto: qui i pani, i dolci, gli impasti di vario tipo sono fortemente influenzati dalla cultura austriaca; le farine sono scure o provenienti da cereali alternativi; le molliche sono a bassa idratazione, compatte e asciutte, arricchite da semi, con alveoli minuscoli e compatti. Sono pani adatti a resistere a lungo a temperature rigide, a fungere da scorta nei lunghi inverni, a costituire basi di piatti sostanziosi. Sono tantissimi i pani trentini, conditi in mille modi diversi, pieni di frutta fresca o secca (non solo la classica, onnipresente uva passa, ma tante mele, pere, uva sugosa, fichi); sono insaporiti da spezie persistenti come il cumino, la cannella o la noce moscata. Sono pani di carattere.

PANE CON LE PERE 71

Io che amo i dolci mi sono innamorata di questo pane così particolare, che ho assaggiato in diverse varianti: con farine di vario genere o anche con le mele. Nel passato si usavano le pere Palabirn, una varietà della Val Venosta ora difficile da trovare. Ricorda molto il credenzin che abbiamo incontrato in Piemonte.

Ingredienti

- 300 g di farina di segale
- 200 g di farina 00
- 70 g di pasta madre attiva
- 2 pere piccole
- 50 g di burro
- 30 g di uva passa
- 30 g di nocciole
- cannella in polvere
- semi di anice
- 8 g di sale

Procedimento

Lavorate le farine con la pasta madre e l'acqua sufficiente per formare una massa liscia e omogenea e lasciatela lievitare al caldo; incorporatevi l'uva passa, le nocciole tritate, le pere sbucciate e ridotte in piccoli pezzi, un cucchiaino di semi di anice e cannella a piacere. Aggiungete alla fine sale e burro morbido; formate dei filoncini di uguale misura e fateli ancora lievitare. Infornate a 200 °C per 20 minuti circa, a seconda della loro grandezza.

Se volete potete sostituire la pasta madre con 20 g di lievito di birra.

PANE DI CASA DELLA VAL LAGARINA 72

Si impasta con una percentuale di farina di tipo 1, meno raffinata della 0 e con un maggiore contenuto di crusca.

Ingredienti

- 300 g di farina 00
- 200 g di farina 1
- 200 g di pasta madre attiva
- 300-350 g di acqua
- 12 g di sale

Procedimento

Impastate tutti gli ingredienti, lasciando la massa grumosa a riposare per una trentina di minuti; stendete la pasta a rettangolo e ripiegatela su se stessa per tre volte. Lasciate riposare per altri 30 minuti. Ripetete l'operazione per altre due volte, sempre a intervalli di 30 minuti. Formate una o due pagnotte e fate lievitare sino al raddoppio del volume; infornate a 220 °C per 40 minuti o più.

Non vi consiglio di usare lievito di birra al posto di quello naturale per non snaturare la ricetta.

TORTA DOLCE DI ERBE 73

Non è un pane, ma una torta stranissima dalle origini medievali e, come spesso capita in questi casi, un connubio tra dolce e salato, in questo caso tra frolla e biete. Un dolce inusitato che si localizza intorno a Madonna di Campiglio. Non è scomparso, ma mi piace comunque darvene la ricetta per la sua particolarità.

Ingredienti

PER LA CROSTA
- 400 g di farina
- 200 g di burro
- 180 g di zucchero
- 2 uova
- scorza grattugiata di limone non trattato
- 1 pizzico di sale

PER IL RIPIENO
- 400 g di biete (le foglie)
- 1 uovo
- 100 g di pangrattato
- 6 amaretti
- 50 g di uva passa
- 50 g di burro
- sale

Procedimento

Preparate la frolla con gli ingredienti indicati e lasciatela riposare al fresco. Tritate le foglie di bieta e incorporatevi l'uovo, il pangrattato, il burro fuso, l'uva passa e un pizzico di sale; foderate una teglia imburrata da 20 cm di diametro con due terzi della pasta, bucherellatene il fondo e copritelo con gli amaretti sbriciolati. Versatevi dentro il composto preparato, livellandolo bene, e guarnite con striscioline di pasta. Infornate a 170 °C per 50 minuti circa.

PANINI DI POLENTA 74

Infine, per chiudere questo viaggio fra le montagne del Trentino, ecco un pane impastato con la polenta, rustico accompagnamento per salumi e formaggi saporiti.

Ingredienti

- 500 g di farina
- 200 g di polenta soda
- 200 g di pasta madre molto attiva
- 1 uovo
- 12 g di sale

PER COMPLETARE
- farina di mais

Procedimento

Passate al setaccio la polenta, unitela alla farina e alla pasta madre e lavorate l'impasto con un po' d'acqua; aggiungete l'uovo sbattuto, il sale e altra acqua sufficiente per formare un impasto morbido. Lasciate raddoppiare di volume al caldo e suddividete la massa nelle pezzature desiderate per formare dei panini; rotolateli nella farina di mais e fateli ancora lievitare, quindi infornate a 200 °C per 20 minuti o più, in base alla loro grandezza. Potete sostituire la polenta con 20 g di lievito di birra.

IL PANE DELLA SICILIA

Dall'estremo Nord all'estremo Sud, alla ricerca di pani perduti, sono arrivata in Sicilia, terra calda e luminosa, dove la storia e i ricordi sono parte integrante della vita di tutti i giorni. Tanto per cominciare, questa regione è molto grande, perciò le peculiarità provinciali abbondano; c'è da dire che qui i pani sono spesso vere e proprie sculture, lavori di intaglio e di cesello che riproducono oggetti sacri, animali, figure umane. E, sempre, dietro questa fantasia e abbondanza di figure allegoriche ci sono motivazioni religiose che risalgono a tempi molto lontani: è il caso del pane di Salemi, che ci riporta intorno al 1540, quando si verificò un'invasione di cavallette e i contadini invocarono San Biagio perché li liberasse. Ottenuta la grazia, gli dedicarono dei bellissimi panini tutti lavorati a forma di cavalluccio, che ancora oggi vengono preparati ogni 3 febbraio per la festività in ricordo dell'evento.

Scolpito è anche il pane di San Giuseppe, di Enna e territori limitrofi, o il cavagneddu, della provincia di Siracusa; quello di Lentini, invece, è diventato Presidio Slow Food perché impastato con un'aggiunta di Timilia, un grano pressoché introvabile e oggi recuperato; a base di semola di grano duro, ha la forma di una grande esse. Pure il pane nero di Castelvetrano è un Presidio Slow Food e anch'esso è prodotto con la Timilia nella varietà semintegrale, che contribuisce in parte a donargli quel colorito particolare.

Il pane, in Sicilia, è rispettato come oggetto di culto: non si porta mai a tavola sottosopra e non si taglia con il coltello, perché è un dono di Dio; è sempre realizzato con lievito naturale – *u criscinti* – e tradizionalmente dorato nei forni alimentati con legno di ulivo, che più di tutti consente la cottura a temperatura calante: in pratica, le pagnotte risultano cotte all'avvenuto raffreddamento del forno. Se poi il calore all'interno della camera è troppo alto, si buttano dentro delle foglie di fico che, nel bruciare, rilasciano vapore acqueo e abbassano la temperatura. Inoltre, il pane di questa regione è spesso *ciminato*, cioè ricoperto da *cimino*, semi di sesamo.

PANE DI CASA RAGUSANO 75

Il simbolo del pane fatto in casa siciliano, detto a pasta dura per via della sua consistenza molto compatta.

Ingredienti

- 300 g di semola di grano duro
- 200 g di farina 0
- 100 g di pasta madre molto attiva
- 12 g di sale

Procedimento

Impastate bene gli ingredienti indicati, aggiungendo acqua tiepida con parsimonia per non ottenere una massa troppo morbida; lasciate lievitare in un luogo tiepido (serviranno diverse ore, data la consistenza). Quando avrà raddoppiato il suo volume, sporzionate l'impasto e sagomatelo nelle forme desiderate: generalmente una sorta di filone allungato con una treccia al centro, oppure un filone con le punte a esse o la classica pagnottella. Sarebbe preferibile cuocerlo nel forno a legna, ma in mancanza di questo va bene anche quello elettrico, regolato sui 200 °C. Calcolate fra i 20 e i 30 minuti, sino a doratura piena.

PANE SQUARATU 76

È assimilabile alle scaldatelle pugliesi o al pani budditu sardo, perché il verbo *squarare* significa «bollire»; è un grande pane a forma di tarallo sbollentato e infornato, che in passato si realizzava nella zona di Marsala per le due festività principali del calendario: Natale e Pasqua. La tradizione vuole che abbia una pezzatura media di 500 g, ma in casa è lecito produrlo in formati ridotti.

Ingredienti

- 300 g di farina 0
- 200 g di semola di grano duro
- 75 g di pasta madre ben rinfrescata
- 150-200 g ca. di acqua
- 8 g di sale
- 1 cucchiaio di semi di anice

Procedimento

Lavorate i due tipi di farina con la pasta madre e l'acqua tiepida versata poca per volta; a metà lavorazione incorporate il sale e i semi di anice, quindi impastate lungamente sino a formate una pasta liscia e vellutata; fatela crescere al caldo sino al raddoppio del volume. Date la forma e lasciate ancora lievitare; immergete il pane in acqua bollente ed estraetelo con un mestolo forato non appena verrà a galla, disponendolo su un piano spolverizzato di semola. Cuocete nel forno a legna a 220 °C, a temperatura calante, cioè sino al raffreddamento, oppure in quello elettrico a 200 °C per 40 minuti circa.

FACCIA RI VECCHIA 77

Sicilia, terra di focacce e pizze ripiene. La mitica rosticceria regionale ha da tempo travalicato i confini verso il continente; la faccia ri vecchia è una ricetta antica che si prepara da sempre nelle case di Palermo, anzi, per la precisione, della vicina Torretta, e ricorda molto la stria emiliana. Si chiama così perché il colorito e la superficie ammaccata e grinzosa di questa focaccia richiamano un volto non proprio giovane; in aggiunta alla versione classica, ne esistono di condite con cipolle e formaggio. Oggi si impasta con il lievito di birra, un tempo si preparava con l'impasto del pane, quello avanzato. Si buttava nel forno a legna e si condiva con una bella giratina di olio di oliva e una spolverata di origano.

Ingredienti

- 500 g di pasta da pane
- 1 noce di strutto
- olio extravergine di oliva
- origano
- sale
- pepe

Procedimento

Incorporate lo strutto nella pasta da pane e stendete in forma tonda; irrorate con olio e cospargete con origano, sale e pepe. Cuocete sulla bocca del forno a legna oppure passate nel forno elettrico a 200 °C per 20 minuti circa.

PER REALIZZARE LA PASTA DA PANE

- 300 g di farina 0
- 200 g di semola
- 50 g di pasta madre attiva

Impastate farine e pasta madre con acqua sufficiente a formare una massa morbida e liscia. Lasciatela lievitare sino al raddoppio del volume, poi usatela per la ricetta.

LA 'NFIGGHIULATA 78

Restando nell'ambito delle focacce, ci troviamo di fronte la 'nfigghiulata, che in realtà è limitata al periodo primaverile, quello della fioritura dei sambuchi, perché prima della cottura viene farcita con questi fiori, oltre a salame e formaggio tuma. Anche questa ricetta risale alla notte dei tempi e la sua paternità si attribuisce ad alcuni monaci della zona di Enna. Mi hanno spiegato che è importante usare la farina di grano Timilia per non perdere il sapore originale di questo buonissimo pane ripieno.

Ingredienti

- 300 g di farina di grano Timilia
- 200 g di semola rimacinata di grano duro
- 50 g di pasta madre attiva
- 2 uova
- 50 g di strutto
- 8 g di sale

PER COMPLETARE

- 200 g di salame
- 200 g di tuma (formaggio non salato)
- fiori di sambuco
- strutto

Procedimento

Impastate le farine con la pasta madre e poca acqua; incorporate le uova sbattute e lo strutto e ammorbidite ulteriormente con altra acqua tiepida; aggiungete il sale, lavorate ancora un po' e ponete a lievitare al caldo per il tempo necessario al raddoppio del volume. Ungete una *vastedda* – teglia rettangolare dai bordi alti – con dello strutto e foderatela con due terzi della pasta; coprite con salame e formaggio affettati e con una spolverata di fiori. Chiudete con un coperchio di pasta, ungete di strutto e lasciate ancora crescere. Infornate a 180 °C per 30 minuti circa.

PISTIDDI 79

A Enna e provincia fanno queste frittelle di pasta cresciuta che si ritrovano, con nomi diversi, un po' in tutta la regione. Sono semplici, prive di qualsiasi ripieno, insaporite solo da una presa di sale; oggi si preparano con più facilità con il lievito di birra ma, essendo un derivato della pasta da pane, ovviamente in passato si facevano con la pasta madre. Questa è la versione salata; per quella dolce si usa lo stesso procedimento, ma con miele e cannella come accompagnamento.

Ingredienti

- 250 g di semola di grano duro
- 250 g di farina 00
- 30 g di pasta madre attiva
- 300 g ca. di acqua
- 10 g di sale

Procedimento

Impastate tutti gli ingredienti indicati con l'acqua che richiede la farina; salate verso la fine, impastate ancora e fate lievitare fino al raddoppio del volume. Stendete la pasta e ritagliatela in piccoli quadrati; friggeteli e gustateli solo dopo averli salati.

IL PANE DELL' EMILIA ROMAGNA

La Via del Pane è un esteso percorso nel territorio emiliano, attraverso le cinque valli dell'Appennino bolognese, ideato per la riscoperta e la valorizzazione di questo prodotto antico. Pani realizzati con grani speciali, primo fra tutti il Gentilrosso, che ci arriva da una spiga di colore rossastro, difficilmente attaccabile dalle malattie; pani confezionati con farine di vario genere: di mais, di farro o di castagne; pani a lievitazione naturale cotti sulla pietra e destinati a conservarsi per diversi giorni. È stato anche istituito il progetto Montagna Amica, finalizzato al recupero dei cereali e al loro uso nella panificazione. Molto usati sono lo strutto, i ciccioli, il lardo; particolare è la chisoeula pellegrinese, una focaccia originaria di Pellegrino Parmense, Città del Pane, condita con il sugo dell'arrosto al posto dei ciccioli di maiale e ulteriormente insaporita con abbondante rosmarino.

PANE MONTANARO

80

Realizzato a Monghidoro e zone limitrofe, nel territorio di Bologna, è un pane a lievitazione naturale, con crosta dorata e mollica piena. Una ricetta di quelle di una volta, molto semplice e proprio per questo perfetta se prodotta con farine locali, pasta madre e cottura in forno a legna. La pezzatura media di questi pani è di 500 g, ma per praticità potete dividere la massa ottenuta in due parti.

Ingredienti

- 400 g di farina 0
- 100 g di farina di farro
- 100 g di pasta madre attiva
- 12 g di sale
- 300 g ca. di acqua

Procedimento

Miscelate i due tipi di farina e impastateli con la pasta madre e l'acqua versata poca per volta; incorporate il sale alla fine, lavorate bene per facilitarne l'assorbimento e mettete la massa a raddoppiare di volume. Dividetela poi in due pezzi, sagomateli a filone e lasciateli puntare, cioè lievitare; praticate sulla loro superficie un'incisione centrale longitudinale e cuocete nel forno a legna o in quello elettrico a 220 °C per 30-40 minuti o sino a completa doratura, in base alla loro grandezza.

TIBUIA

81

La torta degli ebrei di Finale Emilia, dove c'era una comunità ebraica molto numerosa; una ricetta che risale al Seicento, protetta dal più stretto riserbo sino a quando un esponente della comunità non si convertì al cristianesimo. Quando fu estromesso e confinato ai margini della società ebraica, per vendicarsi rese nota la preparazione di questo buonissimo sformato, sostituendo il grasso vegetale con il vietatissimo strutto. È una focaccia a strati molto ricca di condimenti e, proprio per il suo elevato apporto calorico, viene consumata in inverno, a partire dal 2 novembre. Quella che segue è una ricetta di casa, quella originale è depositata presso la Camera di Commercio di Modena.

Ingredienti

PER LA PASTA
- 400 g di farina
- 10 g di sale

PER IL RIPIENO
- 110 g di burro
- 80 g di strutto
- 150 g di grana

Procedimento

Preparate la pasta lavorando lungamente la farina con il sale e l'acqua necessaria per far sì che l'impasto diventi morbido. Mettetelo a riposare coperto per 30 minuti.

Preparate il ripieno: sciogliete insieme strutto e burro, tenendo da parte un terzo del burro.

Preparate la torta: dividete la pasta in 6 pezzetti e stendete ciascuno di essi a rettangolo; sovrapponeteli, dopo aver spennellato ogni strato con un sesto dei grassi fusi. Ripiegate le estremità verso l'interno e chiudete in tre parti come se piegaste una lettera; fate riposare in frigorifero per 30 minuti. Stendete la sfoglia in una striscia molto lunga e foderate con un terzo di essa una tortiera unta; ricoprite con un terzo del grana tagliato a lamelle, spruzzate con un po' d'acqua e proseguite con altri due strati uguali di pasta e formaggio; saldate bene i lati, completate cospargendo con fiocchetti del burro tenuto da parte e infornate a 200 °C per 20 minuti circa o sino a quando la torta non si presenterà ben dorata.

BURLENG 82

Perché parlare del burlengo? Semplice. Perché, pur non essendo affatto sulla via del dimenticatoio, è tuttavia stato variato e in qualche modo "nobilitato" nel corso degli anni, il che lo ha allontanato dalla sua vera natura. Una specie di crêpe sottile come un'ostia, che ora si tende a preparare con il latte invece che con l'acqua, oppure ad arricchire con le uova, mentre la ricetta originale è molto più basica.

Ingredienti

PER IL BURLENGO

- farina
- sale
- strutto

PER IL CONDIMENTO

- lardo
- aglio
- rosmarino
- grana grattugiato

Procedimento

Preparate innanzitutto la pastella con farina, sale e tanta acqua tiepida quanta ne occorre per arrivare a ottenere una consistenza collosa; lasciatela riposare coperta al fresco per diverse ore, in modo che sviluppi una sorta di maglia glutinica. Ungete di strutto l'apposita piastra di ghisa o una padella di ferro ben calda e versatevi un po' di composto, allargandolo subito in modo che diventi sottile, quasi trasparente. Rigirate la cialda così ottenuta e cuocetela anche dall'altro lato.

Spolverizzate con abbondante grana; ripiegate la cialda su se stessa a mo' di fazzoletto, come una crêpe, e consumatela immediatamente. In alternativa, potete imbottire il burlengo con la *conza*, cioè con un trito molto sottile di lardo, aglio e rosmarino.

FOCACCIA DOLCE DI BAGNO DI ROMAGNA 83

Il mio viaggio in Emilia-Romagna è stato piacevolissimo, e non mi riferisco solo al piacere di assaggiare le specialità del luogo; qui la gente è notoriamente aperta e cordiale, gentile e disponibile, molto collaborativa. A Bagno di Romagna si tramandano una ricetta da oltre 200 anni; la si trova solo qui ed è praticamente segreta. In realtà la si prepara in tutte le case e ogni famiglia ha la propria variante personale; la si trova anche in commercio, ma la ricetta originale non è dato conoscerla. Viene chiamata focaccia ma impropriamente, perché non è lievitata o, meglio, è un dolce a lievitazione naturale, in definitiva un pan di Spagna, poiché a base di soli zucchero, uova e farina. Molto alta e soffice, viene preparata per le festività pasquali; io sono capitata da quelle parti in piena estate, ma ho avuto la fortuna di conoscere Matilde, che per me l'ha preparata fuori stagione.

Questa è la sua ricetta, quella della sua famiglia che le arriva da nonna Tilde.

Ingredienti

· 150 g di farina
· 250 g di zucchero
· 6 uova
· scorza di limone non trattato
· scorza di arancia non trattata
· 1/2 bacca di vaniglia
· sale

Procedimento

Separate le uova e montate gli albumi a neve ben ferma con un pizzico di sale; lavorate a parte in un bagnomaria caldo i tuorli con lo zucchero fino a quando il composto non diventa bianco e spumoso, avendo incorporato molta aria. Aromatizzate con un cucchiaino di scorza grattugiata di limone, con uno di scorza di arancia e con i semi di mezza bacca di vaniglia; unite la farina e poi gli albumi con movimenti delicati dal basso verso l'alto. Versate il composto in uno stampo alto e infornate a 160 °C per 60-70 minuti o finché il dolce non sarà ben dorato.

BARTOLACCI DI NONNA TILDE 84

Di origine contadina e assimilabili ai tortelli, sono costituiti da un involucro di sola acqua e farina e da un ripieno povero di patate lesse e pancetta, variabile a seconda delle stagioni. Questa è la ricetta di nonna Tilde: quando era disponibile la zucca, ne aggiungeva una parte alle patate.

Ingredienti

PER LA PASTA

· 500 g di farina
· acqua
· sale

PER IL RIPIENO

· 500 g di patate
· 100 g di zucca
· 1 uovo
· 3 cucchiai di pangrattato
· 100 g di lardo
· rosmarino
· prezzemolo
· grana grattugiato
· noce moscata in polvere
· sale, pepe

Procedimento

Lavorate gli ingredienti per la pasta fino a ottenere un impasto liscio e morbido; fatelo riposare coperto e preparate il ripieno: lessate le patate, cuocete a vapore la zucca, riunite i due ingredienti in una ciotola e schiacciateli con una forchetta. Tritate finemente il lardo e le erbe aromatiche e incorporateli al composto, insieme a un paio di cucchiaiate di grana e a una punta di noce moscata. Aggiungete l'uovo e il pangrattato, che servirà ad asciugare l'umidità del ripieno; salate e pepate. Stendete la pasta in una sfoglia sottile e ricavate dei tondi; adagiate una cucchiaiata di ripieno sulla metà di ciascuno di essi e richiudete bene a mezzaluna, sigillando con la forchetta. Cuocete i bartolacci su una lastra di arenaria molto calda, come si fa per i tortelli, o sul testo, rigirandoli finché non saranno cotti.

IL PANE DELL' UMBRIA

In Umbria non c'è una grossa varietà di pani, a causa di una forte influenza della vicina Toscana; gli esemplari sono pochi e pressoché tutti sciapi. Più ampia invece è la varietà di cresce e torte rustiche, povero accompagnamento di verdure o formaggi. Un esempio per tutte: la pizza di Pasqua, un panettone alto e soffice, disponibile nella versione al formaggio o in quella dolce aromatica. Naturalmente, non ho voluto inserire nella raccolta questa o altre ricette conosciute da tutti: ci vuole poco a procurarsele; quelle che vi presento sono le più curiose o antiche o quelle interpretate e personalizzate.

ARVOLTOLO 85

Arvoltare significa «girare», da cui il nome di questa frittella, che viene rivoltata più volte nell'olio. Si prepara a Perugia e anticamente veniva servita su una fetta di pane casereccio.

Ingredienti

- farina
- sale
- olio di oliva

PER COMPLETARE

- sale o zucchero semolato

Procedimento

Mettete la farina in una ciotola con un pizzico di sale e sciogliete con tanta acqua quanta ne occorre per formare una pastella semidensa. Versate dell'olio in una padella da 20 cm di diametro e colatevi un po' di pastella; giratela un paio di volte finché non sarà cotta, quindi scolatela e servitela spolverizzata di sale (o di zucchero, nella versione dolce).

PANE DI STRETTURA 86

Un pane sciapo e altamente di nicchia, poiché realizzato con grano selezionato e acqua sorgiva. Strettura è la località in cui è nato e ancora oggi viene prodotto. Andrebbe realizzato non con la pasta madre, ma con la pasta di riporto, quella avanzata dalla panificazione precedente.

Ingredienti

- 500 g di farina
- 125 g di pasta madre molto attiva

Procedimento

Lavorate la pasta madre con farina e acqua sufficienti per formare una massa liscia e omogenea; fate lievitare fino al raddoppio del volume; formate un filone e fatelo ancora crescere. Cuocete nel forno a legna o infornate a 250 °C per 15 minuti; abbassate poi la temperatura a 190 °C e continuate sino a fine cottura.

CRESCIONDA CON LE MELE 87

Viene da Spoleto questo dolce umilissimo, tipico del Carnevale, che oggi potremmo definire quasi un flan. Ha origini medievali e la versione che vi riporto è quella meno conosciuta e certamente la più a rischio dimenticatoio. Originariamente, la crescionda era agrodolce, poiché veniva preparata con brodo di gallina, pecorino, cioccolato, zucchero: decisamente poco conforme ai gusti attuali.

Ingredienti

- 4 mele
- 2 uova
- 2 cucchiai di zucchero
- 1 cucchiaio di cacao
- 1 cucchiaio di farina di mais
- 200 g ca. di acqua
- 2 dita di vino bianco

PER COMPLETARE

- zucchero

Procedimento

Sbucciate le mele, tagliatele a pezzi e cuocetele con poca acqua e un pizzico di zucchero finché non si ammorbidiscono; allontanatele dal fuoco e aggiungete il cacao. Lavorate le uova con lo zucchero restante, aggiungetevi la farina di mais, il vino e l'acqua, fino a ottenere una pastella consistente; incorporatevi le mele. Versate il composto in una teglia unta e infornate a 180 °C per 20 minuti circa, o sino a quando il dolce non si presenterà fermo al tatto. Sfornate e spolverizzate con zucchero.

BRUSTENGOLO 88

Angela vive vicino a Bevagna; è molto brava in cucina e la sua specialità sono i dolci. Mi ha insegnato a preparare questo antico dolce delle campagne, basso e compatto, a base di farina di mais; c'è chi ci aggiunge frutta secca a piacimento e chi lo frigge a piccole porzioni nello strutto.

Ingredienti

- 500 g di farina di mais
- 130 g di zucchero
- 2 mele
- 100 g di uva passa
- 1/2 bicchiere di olio extravergine di oliva
- 1/2 bicchiere di mistrà
- 50 g di noci
- 50 g di fichi secchi
- 1 cucchiaio di pinoli
- 2 cucchiaini di semi di anice
- scorza grattugiata di limone non trattato
- sale

Procedimento

Mettete la farina di mais in una pentola, salate e versate acqua bollente sufficiente a coprirla, avendo cura di mescolare continuamente per non formare grumi. Unitevi l'olio e cuocete la polenta; lasciatela riposare per una decina di minuti, poi incorporatevi il liquore, lo zucchero, le noci e i fichi tritati, i pinoli e i semi di anice, l'uva passa, le mele affettate e 2 cucchiaini di scorza grattugiata di limone. Ne risulterà un composto asciutto e compatto; versatelo in una teglia unta a uno spessore non superiore a 2 cm e infornate a 180 °C per circa un'ora.

IL PANE DELLA CALABRIA

Le contaminazioni fra Sicilia e Calabria sono evidenti e logiche, se considerate che quest'ultima è il passaggio obbligato per imbarcarsi verso l'isola. Le radici comuni hanno favorito la nascita dei pani a soggetto, come i natalisi, o di quelli *ciminati*; ci sono anche elementi in comune con la Puglia, come le friselle che, come unica differenza, qui hanno la forma di una ciambella. E, sempre in assonanza con il tacco d'Italia, ci sono gli stanziamenti greci e albanesi, piccole comunità che hanno influenzato la cultura gastronomica della regione.

TURDULIJI O CRISPJRI 89
[CRESPELLE AL GRANTURCO]

Cortale, terra ionica di Calabria. Immaginate un paese del Sud come tanti, in provincia di Catanzaro; il mare a pochi chilometri di distanza e una campagna operosa. È qui che viveva Elisabetta, una donna di casa, pratica e di poche parole, che in cucina ci sapeva fare: piatti semplici, buoni, fatti con i prodotti coltivati in famiglia. Nel periodo di Natale faceva per i suoi nipoti i turduliji, pezzettini di pasta rigati sopra *u crivu*, una sorta di cestello di vimini, e poi fritti in olio d'oliva. Queste frittelline rientrano nell'antica tradizione delle festività calabresi e si usava in particolare offrirle a coloro che seguivano il rito della *strina*, cioè la consuetudine in voga in tutti i paesi della regione di girare di casa in casa con un canto beneaugurale. La mia amica Stefania Mungo è nipote di Elisabetta e, insieme ai suoi ricordi, mi ha regalato questa preziosissima ricetta di famiglia.

Ingredienti:

- 500 g di farina di mais
- 500 g di farina 00
- 2 bicchieri di vino rosso
- 2 bicchieri di acqua
- 2 bicchieri di olio extravergine di oliva
- 1 pizzico di sale

Procedimento

Mettete i liquidi in un tegame e fateli bollire per 5-6 minuti; mescolate le due farine con il sale in un recipiente a parte, poi versatele nel tegame, avendo cura di non formare grumi. Lasciate cuocere per qualche minuto, mescolando in continuazione. Fate raffreddare la pasta e stendetela in un lungo cilindro; tagliatela in piccoli pezzi – come se doveste fare degli gnocchi – passateli nella farina di mais e rigateli con la forchetta. Friggete i turduliji in olio d'oliva. Si mangiano così, come rompidigiuno o come accompagnamento dell'aperitivo.

PITTATTASIMA 90

Un pane aromatico davvero particolare per gusto e preparazione, poiché si impasta con l'acqua dei ceci bolliti. Non si fa quasi più nelle case, perché è un po' laborioso, ma si prepara tradizionalmente a Luzzi, in provincia di Cosenza, per la festa di Sant'Aurelia.

Ingredienti

- 750 g di farina
- 100 g di pasta madre attiva
- 100 g di ceci
- anice in polvere
- cannella in polvere
- 1 foglia di alloro
- sale

Procedimento

Mettete i ceci con l'alloro in una pentola, coperti di acqua, e portateli a cottura; scolateli e teneteli da parte per altri usi. Impastate la farina con la pasta madre e l'acqua di cottura dei ceci nella quantità necessaria; salate e aggiungete una puntina di spezie. Lavorate a lungo sino a rendere la pasta liscia e consistente; suddividetela in parti di uguali dimensioni e ricavatene delle ciambelle, che dovranno lievitare in un luogo tiepido sino al raddoppio del volume. Infornatele a 200 °C per 30 minuti o finché non saranno ben dorate.

Se volete potete sostituire la pasta madre con 25 g di lievito di birra.

PITTA COI FIORI DI SAMBUCO 91

L'uso del sambuco è in comune con la Sicilia; nel mese di maggio avvengono la fioritura, la raccolta e la conservazione dei fiori sottolio o essiccati. Questa pitta è una focaccia antichissima a base di fiori e lievito madre, in uso nella zona di Vibo Valentia.

Ingredienti

- 300 g di farina 0
- 200 g di semola rimacinata di grano duro
- 50 g di pasta madre attiva
- 150 g di fiori di sambuco
- 10 g di sale
- olio extravergine di oliva

Procedimento

Lavorate le farine con la pasta madre e acqua sufficiente per ottenere una massa molto ben idratata (ne occorreranno circa 300 g); incorporate il sale alla fine e mettete a lievitare in un luogo caldo. A raddoppio avvenuto, stendete delicatamente la pasta con le mani e cospargetela con i fiori di sambuco e con olio; impastate per distribuirli in modo omogeneo e allargate l'impasto in una o due teglie ben unte, in cui riposeranno ancora. Infornate la pitta a 220 °C per 20-30 minuti, finché non diverrà ben dorata.

Al posto del lievito madre, potete usare 20 g di lievito di birra.

PANE DI CASTAGNE 92

Le castagne sono uno dei prodotti cardine della Calabria: abbondano nei boschi e sono sempre state usate in più modi in cucina; tradizionalmente la farina ottenuta da questi frutti si usa per preparare un pane che, nel passato, era di sostentamento per la maggior parte della popolazione contadina, che non poteva permettersi l'uso della più raffinata farina di grano.

Ancora oggi lo si produce, in una versione attualizzata più leggera, con il lievito di birra, arricchito da miele e con una dose inferiore di farina di castagne; io ve lo ripropongo con la pasta madre e con proporzioni di farine un po' sbilanciate. Ne risulta un pane molto compatto e consistente, pesante e dal sapore molto connotato; se non è di vostro gradimento, giocate sulle percentuali degli ingredienti.

Ingredienti

- 300 g di farina di castagne
- 200 g di farina 0
- 100 g di pasta madre attiva
- 10 g di sale

Procedimento

Lavorate tutti gli ingredienti con l'acqua sufficiente per amalgamare la pasta e renderla lavorabile e omogenea; lasciatela lievitare sino al raddoppio del volume. Sporzionatela in pezzi uguali per formare dei panini, o sagomatela in un'unica pagnotta o due filoni e cuocete il pane così ottenuto nel forno a legna o in quello elettrico a 200 °C per 20 minuti o più, naturalmente in relazione alla pezzatura.

Se volete, potete sostituire la pasta madre con 25 g di lievito di birra.

IL PANE DELL' ABRUZZO E DEL MOLISE

I pani di queste regioni rispecchiano tutte le asperità dei loro territori; se fossero esseri umani sarebbero montanari di poche parole, rudi ed essenziali. Che siano a base di patate, mais o di sola farina di grano Solina, un'antica varietà montana del territorio dell'Aquila, oppure completamente privi di lievito – come le pizze molisane, che poi, spezzettate, diventano base per minestre con verdure – sono pani semplici e contadini.

Anche il pane del Molise ha radici povere e questo spiega l'uso diffuso di farine alternative a quelle di grano, bianche e pure. Sono tante le schiacciate e le focacce con verdure o ciccioli. La pizze chi sold ha una solida tradizione che si rinnova ogni anno nelle case di Jelsi, in provincia di Campobasso, in ricordo della festa di San Martino; è particolare perché cela nell'impasto delle monetine, in onore della generosità del Santo, e i bambini fanno a gara a chi ne trova di più.

93

94

CACCHIETTE

93

Dette anche pagnotte di Sant'Agata. Siamo a Castelvecchio Subequo, in provincia dell'Aquila, dove si celebra la festa di Sant'Agata ben due volte all'anno, a febbraio e ad agosto. Sono panini devozionali di realizzazione prettamente casalinga, a forma di chiocchioline che vagamente ricordano i seni, per accennare al martirio della Santa cui sono dedicati.

Ingredienti

- 500 g di farina
- 200 g di pasta madre attiva
- 50 g di patate lesse
- 2 uova
- 50 g di strutto
- 2 cucchiaini di semi di anice
- sale, pepe

PER SPENNELLARE

- uovo sbattuto

Procedimento

Impastate la farina con le patate e la pasta madre; incorporate le uova sbattute versate a filo, lo strutto, sale e pepe e i semi di anice. Ammorbidite con acqua tiepida e ponete a lievitare in un luogo tiepido sino al raddoppio del volume; suddividete la pasta in porzioni uguali e modellate a cilindro ciascuna di esse. Arrotolate i cilindri su se stessi per formare i panini, che dovranno lievitare ancora sino al raddoppio del volume. Spennellateli con uovo sbattuto e infornate a 210 °C per 20 minuti o più, finché non saranno ben dorati.

Al posto del lievito madre, potete usare 20 g di lievito di birra.

PIZZA SCIME 94

Chiamata anche pizza ascime, identifica una focaccia azzima, attribuibile per nascita alle numerose comunità ebraiche stanziate in Abruzzo nel Quattrocento. La totale assenza di lievito fa sì che essa sia bassa, mentre la presenza di olio nell'impasto la rende croccante.

Ingredienti

- 500 g di farina
- 1/2 bicchiere di olio
- 2 dita di vino bianco
- sale

Procedimento

Impastate la farina con tutti gli ingredienti indicati, lavorando lungamente con l'aggiunta di acqua per amalgamare e rendere liscia la pasta. Dividetela in due parti e stendete ciascuna di esse in una bassa focaccia. Tracciate una scacchiera sulla superficie e cuocete direttamente sul piano del camino pulito dalle ceneri, sotto una campana di ferro che si chiama coppo. In alternativa, inserite le focacce entro teglie di ferro e cuocete nel forno elettrico a 200 °C per 20 minuti o più, sino a completa e uniforme doratura.

CIAMBELLE DOLCI DI NONNA ANGELA 95

I dolci molisani sono genuini e rétro, fatti di ingredienti semplici e sapori di una volta. Di ciambelline dolci ne esistono diverse versioni, sempre con patate ma con lieviti diversi, sia chimico che naturale; io ve ne do una molto buona e sperimentata, di casa e molto vecchia, dunque realizzata con pasta madre.

Ingredienti

- 500 g di farina
- 200 g di patata bollita e schiacciata
- 50 g di pasta madre attiva
- 50 g di strutto
- 50 g di zucchero
- 1 uovo
- semi di anice
- 1 cucchiaino di sale
- olio per friggere

PER COMPLETARE

- zucchero

Procedimento

Impastate la farina con la patata schiacciata e la pasta madre, lavorando con l'acqua tiepida sufficiente per amalgamare il tutto; incorporate lo strutto, l'uovo sbattuto, lo zucchero e il sale e battete lungamente l'impasto, finché non diverrà liscio e omogeneo. Se occorre, aiutatevi con altra acqua; incorporate i semi di anice e lasciate lievitare al caldo sino al raddoppio del volume; suddividete la pasta in bastoncini lunghi una ventina di centimetri e chiudeteli a ciambella. Friggete le ciambelle e passatele nello zucchero per farle ricoprire uniformemente.

Se volete potete usare 15 g di lievito di birra invece della pasta madre.

PIZZA ASSETTATA 96

Ancora una pizza molisana; *assettata* vuol dire «seduta» e il nome è dovuto al fatto che questa pizza, non essendo impastata con lievito, non cresce ma rimane, appunto, seduta. È come la pizza scime abruzzese, ma con l'aggiunta di semi di finocchio e peperoncino, che le danno più carattere.

Ingredienti

· 500 g di farina
· 50 g di olio extravergine di oliva
· 1 cucchiaio di semi di finocchio
· peperoncino a pezzi
· 12 g di sale

Procedimento

Impastate la farina con il sale e l'olio, aggiungendo tanta acqua tiepida quanta ne occorre per rendere la pasta morbida e omogenea; incorporate alla fine i semi di finocchio e il peperoncino a pezzi e mettete la massa a riposare per una trentina di minuti coperta, per darle il tempo di sviluppare la maglia glutinica. Stendetela a forma di focaccia e cuocetela direttamente sul camino sotto il coppo, l'antica campana di ferro, oppure sistematela in una teglia unta e cuocetela nel forno elettrico a 210 °C per 25-30 minuti o sino a doratura.

SALUTI IN DOLCEZZA

Dal Molise al Lazio il passo è breve; sono arrivata alla conclusione del mio golosissimo viaggio e me ne torno a casa nella mia amata Roma. È stato bello andarmene in giro per la nostra splendida Italia, a volte dimenticata, e riportare alla luce le usanze antiche della nostra gente.

Spero di essere stata per voi una buona guida.

Nel ringraziarvi per avermi fatto compagnia e in attesa di rivedervi, vi regalo una ricetta a me molto cara, che si porta dentro l'anima bella della mia città unica e inimitabile, la mia Roma.

A presto, amici!

IL VERO MARITOZZO ROMANO

Parliamone. C'è maritozzo e maritozzo. C'è quello a larghissima diffusione, offerto da tutte le pasticcerie della città: una specie di brioche morbida, spaccata a metà longitudinalmente e riempita con un'enorme quantità di panna montata. E c'è quello vero, classico, del fornaio, nella versione più rustica con pinoli e uva passa. Il primo è un impasto leggero con lievito di birra, il secondo con il lievito madre; quest'ultimo è IL maritozzo, l'unico, l'originale. È quello che un tempo si faceva nel periodo di Quaresima, e infatti oggi si chiama maritozzo quaresimale. A Roma non sono tanti i posti in cui lo si può trovare; sicuramente è più un prodotto da forno che da pasticceria; e così sapete che facciamo? Vi do la mia supercollaudata ricetta, così ve lo potrete fare da soli in casa, senza impazzire ad andarlo a cercare in giro.

Ingredienti

- 500 g di farina
- 50 g di pasta madre attiva
- 100 g di zucchero
- 30 g di olio extravergine di oliva leggero
- 2 uova
- 200 g di uva passa
- 100 g di pinoli
- 1 cucchiaino di sale

PER COMPLETARE

- 1 uovo
- zucchero
- estratto di vaniglia

Procedimento

Lavorate la pasta madre con 50 g di zucchero, 20 g di olio e 200 g di farina e aggiungete acqua sufficiente per formare un impasto morbido, che dovrà lievitare, coperto, per diverse ore, sino al raddoppio del volume. Impastate la farina, lo zucchero, il sale e l'olio restanti con le uova sbattute, incorporate la massa lievitata e lavorate lungamente, per rendere omogenei i due composti; se occorre maggiore morbidezza, aggiungete altra acqua. Unite uva passa e pinoli, impastate ancora e formate una dozzina di panini allungati; allineateli su una placca ben imburrata e fateli ancora crescere; quando saranno pronti per la cottura, spennellateli con un uovo sbattuto e infornateli e 200 °C per circa 15 minuti o sino a che non saranno ben coloriti.

Preparate la glassa: sciogliete un cucchiaio di zucchero in 2 di acqua e aromatizzate con una puntina di estratto di vaniglia; spennellate i maritozzi appena sfornati, ancora ben caldi.

INDICE

INDICE DELLE RICETTE